家国情怀 1

第一单元　高山仰止

《华罗庚：爱国赤子心》

1. 华罗庚当时在剑桥大学拒绝求学位的原因，下列分析错误的是哪一项？_____

   A. 华罗庚到剑桥大学是为了求学问，不是为了学位，是赤心报国的真学者。

   B. 剑桥大学的学位要求很高，当时华罗庚太忙，没有精力求学位，懂得知难而退。

   C. 申请学位要缴纳不少费用。

   D. 华罗庚能得到的学习资助极为有限。

2. 以下对文章内容的理解，错误的是哪一项？_____

   A. 华罗庚在家乡的土地上积极宣传北平的“一二・九”运动，传播抗日救亡的思想，表现他以身传道的爱国精神。

   B. 军警检查李寿慈伪造好的借书证时，华罗庚及时保全两人，表现了他冷静机敏的性格特点。

   C. 华罗庚在剑桥的两年间，写了18篇论文，先后发表在英国、苏联、印度、法国、德国的文学刊物上，他成为了一名颇有影响的科学家。

   D. 华罗庚放弃了可在英国继续逗留的机会，也谢绝了苏联科学院的盛情邀请，回归祖国，表现了他的忧国忧民、报效祖国的精神。

《中国核专家林俊德—— 一辈子隐姓埋名坚守罗布泊》

1. 判断：作者以马兰花比喻林俊德默默无闻、一心为国的品格，赞美了他为国家鞠躬尽瘁，死而后已的爱国精神。_____

2. 以下对文章内容的理解和分析，有误的是哪一项？_____

   A. 他研究爆炸力学，一次野外遇到好久炸药没有响的时候，他为了安全起见，报告上级，由专业人员排除险情，才让其他人靠近。

   B. 青海玉树地震，林俊德悄悄捐了3万元，但他自己，一块手表用了15年，写出了他一心为他人，宁可自己吃苦，也要关心别人的高尚品质。

   C. 林俊德去世后，学生们收拾他的衣物，除了军装，没有找到几件像样的便装，两件毛衣还打着补丁，写出了林俊德质朴节俭、慷慨无私的品德。

   D. 最后一段收束全篇，概括了林俊德的一生，也是马兰精神的核心。

《假如可以再生，我仍选择中国》

1. 邓稼先与他的同事们，一代人完成了其他国家五代科学家才完成的任务，一口气依次研究了 ____、____、____。

   A. 原子弹

   B. 中子弹

   C. 氢弹

2. 以下对本篇文章的内容理解和分析，错误的是哪一项？ ____

   A. 文章最后一段写无数后人对邓稼先的精神、品格和成就肃然起敬，表达了作者对邓稼先的崇敬、怀念之情。

   B. 邓稼先对工作一丝不苟，在寻找爆炸实验失败原因的时候，亲自到核弹被摔碎的地方找部件，严重损害了自己的身体。

   C. 邓稼先重病的时候，坚持要把两件事做完，一份建议书和一本书，他身患重病依然为祖国核事业做贡献。

   D. 邓稼先有高度的责任感和事业心，夫人许鹿希支持他的事业，一直劝慰邓稼先好好工作，曾说："不要让人家把我们落得太远……"

《在约里奥-居里夫妇门下》

1. 下列名人中曾两次荣获诺贝尔奖的是谁？ ____

   A. 萧伯纳。

   B. 居里夫人。

   C. 泰戈尔。

   D. 屠呦呦。

2. "我"很早以前就向往巴黎的原因，下列分析正确的是哪一项？ ____

   A. 巴黎有埃菲尔铁塔、凯旋门、凡尔赛宫、塞纳河等景点吸引"我"。

   B. 巴黎的美丽多姿，风景迷人。

   C. 巴黎是一座饮誉世界的历史名城。

   D."我"崇拜的世界著名科学家玛丽·居里夫人曾在这里工作、生活过。

《超级水稻，袁隆平心中的中国梦》

1. 下列属于袁隆平梦想的是哪一项？ ____

   A. 在稻禾下乘凉。

   B. 在绿树下乘凉。

   C. 在田间漫步。

   D. 在江边漫步。

2. 下面对文章内容的分析，错误的是哪一项？ ____

   A. 袁隆平的初衷是心系百姓、关心百姓疾苦，并始终没有变化。

   B. 功夫不负有心人，袁隆平花了十年的时间，最后终于实现了杂交水稻亩产 800 公斤的目标。

   C. 袁隆平制定的六条方针是：矮中求高、显超兼顾、穗中求大、高粒叶比、以饱攻饱和爪中求质。

   D. 面对胜利，袁隆平并没有享受成功而沾沾自喜，而是目光长远，寻找更难攻破的目标。

《曾庆存：让天有“可测”风云》

1. “80年代初期，我国基础研究正处于极其困窘的境地”，体现在哪些方面？下列表述有误的是哪一项？ _____

   A. 国家经济落后投入少，人们也没意识到基础研究的重要性。

   B. 大气所缺少科研经费，实验室非常简陋。

   C. 没钱买资料，没钱更新设备，生活条件很差。

   D. 我国基础研究处于窘境中，但整个所里的人团结一心。

2. 判断：曾庆存从小就有一股子不服输的劲头，越是难“啃”的硬骨头越要好好“啃”。在导师的指导下，曾庆存开始全力攻坚应用斜压大气动力学原始方程组做数值天气预报的课题。 _____

第二单元　栋梁之材

《闻一多先生上课》

1. 判断：文章第1段记叙了闻一多先生抗战期间蓄须明志，表现他性格强烈坚毅。 _____

2. 以下对这篇文章内容的理解分析，不正确的是哪一项？ _____

   A. 闻先生不离图书馆专心治学，也表现了他性格强烈坚毅的一面。

   B. 第6段中“叫座”一词写出了闻先生讲课要求严厉，绝对不允许学生缺课。

   C. 闻先生写字爱用秃笔，他收集别人用过的废笔，写字功夫深。

   D. 本文凸显了闻先生的爱国情怀，突出了他博学旷放、高妙多才的人格魅力。

《最后一位戴罪的功臣（节选）》

1. 林则徐在充军伊犁期间，他在这亘古荒原上的事迹，概括有误的是哪一项？ _____

   A. 建议屯田固边，协助垦荒。

   B. 募集银两，承修河渠。

   C. 推广内地的水利、种植技术。

   D. 发现、研究了坎儿井，并大力推广。

2. 下列对文中林则徐的形象分析，有误的是哪一项？ _____

   A. 刚直不屈。

   B. 直言不讳。

   C. 一心为民。

   D. 明哲保身。

《章太炎》

1. 《章太炎》一文结尾处感慨“再看太

炎先生手迹的机缘也不再有了”，一句蕴含了什么情感？_____

A. 遗憾、敬仰之情。

B. 赞美、喜悦之情。

C. 崇敬、自责之情。

D. 内疚、失望之情。

2. 对章太炎先生“怪”的主要表现，概括有误的是哪一项？_____

A. 自我评价与公认迥然不同。

B. 治学好奇，少数地方有意钻牛角尖。

C. 脾气犟，有时近于迂。

D. 写字笔画柔中带刚，倔强而流利。

《梅贻琦的操守》

1. 判断：“所谓大学者，非谓有大楼之谓也，有大师之谓也”的意思是“什么是大学呢？不是说有高楼就叫作大学，而是有大师才能被称为大学。”此句强调了好老师的重要性。_____

2. 以下对梅贻琦校长的分析，有误的是哪一项？_____

A. 他受西方文化影响，有极强的规则意识。

B. 梅贻琦校长特别廉洁。

C. 学生运动活跃时，面对学生驱赶，他从不气馁。

D. 不破例录取任何“自己人”。

《万世师表（节选）》

1. 陶行知先生看到国家贫困到难以想象的程度，他认为病根在哪方面？_____

A. 政府。

B. 教育。

C. 农业。

D. 工业。

2. 下列对本文有关内容的分析，有误的是哪一项？_____

A. 陶行知先生带领学生们自己耕作，自己劳动，自己修建校舍，他勤劳能干，他是生活在人民之中的老师。

B. 他一直为中国教育的崛起奔波，他想让生活在农村的穷孩子们都识字，他称得上“万世师表”。

C. 陶行知先生被称为“我们穷孩子的保姆”“我们的朋友”“人民的导师”，他去世的时候，很多人自发为他送行，人们非常敬仰他。

D. 文章记叙了陶行知为教育事业奋斗终生，赞美了陶行知先生的浩然正气和知行合一的实践精神以及对祖国的赤子热爱。

《望日莲》

1. 本文标题“望日莲”指的是哪种植物？_____

A. 君子兰。

B. 菊花。

C. 荷花。

D. 向日葵。

2. 叶先生惜时如金，体现在哪些方面？

以下概括有误的是哪一项？ _____

A. 基本上所有的会谈，她都安排在午间 UBC 亚洲系的休息室，一边吃主办方的午餐，一边与记者聊天。

B. 用餐完毕，叶先生即刻上楼到自己的“斗室”继续用功。“斗室”很小，只有一张台子、一把椅子、书架、黑板和木板。

C. 她自己在图书馆就从不打水喝，一来节约时间，二来也省去了上洗手间的麻烦。

D. 叶先生房间内堆满了她手写的文稿、复印的资料、正在阅读使用的书籍文献，还有记录着资料条目的纸条和用粉笔做的备忘录。

第三单元　魅力师友

《鲁迅先生记》

1. 判断：鲁迅先生家里的花瓶里种的是几棵万年青，这种花四季里都不凋零，象征着鲁迅先生高尚的人格。_____

2. 以下对文章内容的理解，有误的是哪一项？ _____

A. 第 3 段运用细节描写，鲁迅先生喜欢一边吸烟一边工作，写出他借烟消愁，忧国忧民。

B. 文章第 10 段写出鲁迅先生已离我们远去，在没有了鲁迅先生的日子里，我们的生活充满了孤寂。

C. 万年青象征鲁迅先生坚贞不屈、勇于斗争、永不休战、浩气长存的崇高形象。

D. 灰蓝色的花瓶站在墓地的青草上面去了，虽然掉了底，但是一直在墓边陪伴着鲁迅先生。

《琐忆》

1. 下面对“他留着浓黑的胡须，目光深沉，满头是倔强得一簇簇直竖起来的头发”一句的赏析，正确的是哪一项？ _____

A. 运用动作描写，借头发的形象表现鲁迅坚毅的性格和顽强的斗争精神。

B. 运用肖像描写，借头发的形象表现鲁迅暴躁的性格。

C. 运用肖像描写，借头发的形象表现鲁迅倔强的性格和不屈的斗争精神。

D. 运用动作描写，借头发直竖的动作表现鲁迅的愤怒心情。

2. 以下对文章内容的概括和理解，有误的是哪一项？ _____

A. 鲁迅先生给作者的印象始终是平易

近人。

B. 文章表现了鲁迅坚定沉着、勇敢而顽强的战士形象。

C. 文章表现了作者对敌人的憎恨，体现出鲁迅的爱憎分明的立场。

D. 文中“小溪”指“夸夸其谈的学者”，“烂泥塘”指“青年”，表现了鲁迅对青年的鼓励。

《忆刘半农君》

1. 文章中写道：“但半农的 _____，有时颇近于 _____，勇敢也有失之无谋的地方。”写出了鲁迅对刘半农的评价。

A. 活泼　B. 沉默

C. 草率　D. 稳重

2. 鲁迅对有些人所批评的刘半农的“浅”持有的态度，下面分析错误的是哪一项？_____

A. 鲁迅承认刘半农的确有浅的一面。

B. 鲁迅认为刘半农坦诚、真率，虽然浅，却浅得清澈。

C. 鲁迅觉得，作为一个战士，刘半农的浅是可以原谅的，因为那是前进中的浅。

D. 鲁迅觉得，刘半农的浅只是表象，他是一种大智若愚的表现。

《悼夏丏尊先生》

1. 判断：文章第 2 段写夏先生分别时“愤然”地回答和“凝注的眼光”，体现了夏先生对学生的爱护和担忧。_____

2. 夏丏尊先生是个多忧善愁的人，他的“多忧善愁”源于他的爱，以下对此分析错误的是哪一项？_____

A. 对国家的热爱。当时国运衰微，战乱频仍，他心系国运，愤然悲叹。

B. 对学生的关爱。像父母一样，叮嘱学生不要喝酒，少花钱等。

C. 对世间众生的大爱。他痛感众生疾苦，为人世而忧伤。

D. 对家人的爱，夏先生对自己孩子的教育方式是“妈妈的教育”，重言教，率直开导。

《敬悼许地山先生》

1. 下列对许地山先生形象的分析，不准确的是哪一项？_____

A. 他对生活充满热情，热诚提携辅导朋友。

B. 他对种种学问好知喜问，喜研究学问而又不忍放弃文艺。

C. 他淡薄金钱利益，天真可爱。

D. 他有学问，而没有架子，性格稳重内向。

2. 判断：文章中“他不因为我向他请教而轻视我，而且也并不板起面孔表示他有学问”一句写出了许地山有不耻下问的精神。_____

《我记忆中的老舍先生》

1. 下列对老舍先生形象的分析，不准确的是哪一项？_____

A. 谈吐自然、说话京味十足。

B. 蔼然可亲、广交各界朋友。

C. 趾高气扬、粗中有细。

D. 人缘极佳、热情大方。

2. 判断:“老舍先生的道德文章,光如日月,巍如山斗”一句运用对比的手法，把老舍先生的道德文章发出的亮光与日月、形成的高度与山峰进行对比，突出了作者对老舍先生高大形象的赞美。_____

《忆白石老人》

1. 判断：本文主要运用以小见大的写法，通过生活琐事表现齐白石先生的伟大人格。_____

2. 以下对本文内容的理解与概括，有误的是哪一项？_____

A. 白石老人知道“我们”是艺术界的人,很亲近、热情,马上叫护士研墨,带上袖子，拿出几张纸给“我们”画画。

B. 白石老人画画的题材很广泛：山水、人物、花鸟虫鱼。

C. 白石老人已画了半个多世纪的画了，技巧精练，他喜欢创新。

D. 白石老人临摹别人的画时非常认真细心，仔细揣摩其中画法，他具有敏锐的观察力，记忆力特别强。

第四单元　为学有道

《任末好学》

1. “______________，则何以成？”填在横线上的诗句是哪一句？

A. 人而不学

B. 学无常师

C. 夫人好学

D. 人而无志

2. 下面对本文的理解，表述有误的是哪一项？_____

A. 这篇短文告诉我们的道理是学习贵在勤奋。

B. 任末是一个勤苦好学、爱友尊师的人。

C. 任末晚上在星月的辉映下读书，遇上没有月亮的黑夜,他便点燃麻蒿照明。

D. 文章中有一个成语是“酒囊饭袋”，比喻不动脑筋，无所作为，只享受不学习的人。

《范仲淹苦学》

1. 下列属于范仲淹作品的是哪一项？_____

A.《小石潭记》

B.《岳阳楼记》

C.《桃花源记》

D.《核舟记》

2. “常自诵曰：‘当先天下之忧而忧，________________。’”填在横线上的句子应该是哪一句？

A. 后天下之乐而乐

B. 感泣辞母

C. 去之南都入学舍

D. 五年未尝解衣就寝

《师旷论学》

1. 判断：晋平公不想学习，就拿自己年龄老当作借口，师旷劝学成功，晋平公认为很有道理。_____

2. 对本文告诉我们的道理，理解错误的是哪一项？_____

A. “老而好学”虽比不上“少而好学”和“壮而好学”，但总比不好学好，学无止境。

B. 人生任何时候都应该抓紧学习。活到老，学到老，学习让人终生受益。

C. 有志不在年高，老骥伏枥，志在千里。只要有目标，坚持学习，一定能成功。

D. 学习中如果能遇到一个好的老师是非常幸运的事，例如本文所叙事例，好老师的劝学可以改变人的一生。

《董遇“三余”读书》

1. 以下对本文中董遇的性格分析，正确的是哪一项？_____

A. 谦虚谨慎。

B. 质讷好学。

C. 骄傲自大。

D. 安贫乐道。

2. 判断：本文围绕读书讲了“书要多读”和“读书要选择适合自己的书”两方面内容。_____

《沈约勤学》

1. 以下对文中有关沈约的事件，概括有误的是哪一项？_____

A. 沈约虽然家境孤苦贫寒，但是志向坚定。

B. 沈约热爱学习，日日夜夜读书不知疲倦。

C. 沈约精通众多典籍，能够写出很好的文章。

D. 蔡兴宗很赏识他，引荐他当自己几个儿子的老师。

2. “夜辄诵之”一句中“之”的意思分析正确的是哪一项？_____

A. 结构助词，的。

B. 动词，去、到。

C. 代词，代指“白天所读的文章”。

D. 用于主谓之间，无意义。

《司马光苦读》

1. 以下关于司马光的故事，正确的是哪一项？_____

A. 司马光砸缸。

B. 司马光称象。

C. 司马光替父温席。

D. 司马光替父从军。

2. 以下对文章中司马光形象分析有误的是哪一项？ _____

A. 勤学：他担心自己记诵诗书以备应答的能力比不上别人，所以别人玩耍休息时，他要留下学习。

B. 惜时：有时在骑马的时候，有时在半夜睡不着觉的时候，吟咏读过的文章，想想它的意义。

C. 刻苦：他独自留下来，专心刻苦地读书，一直到能够背得烂熟于心为止。

D. 善良：司马光曾经告诉别人读书不能不背诵的方法，让别人也懂得怎样学习。

《王冕读书》

1. 王冕的父亲发怒打了王冕一顿的原因，分析正确的是哪一项？ _____

A. 父亲叫他在田埂上放牛，他认为太辛苦，不同意去放牛。

B. 父亲让他读书，他却偷偷地跑到田埂上放牛。

C. 父亲让他放牛，他却偷偷地跑进学堂听众学生念书，忘记了放牧的牛。

D. 父亲让他读书，他却贪玩，傍晚才回家，以至于父亲找他而丢了牛。

2. 判断：文章讲述了王冕幼时读书专心致志，好学不倦，并且达到痴迷的程度，还遇到一个好老师韩信收他为弟子。坚持这种坚定的志向，顽强的学习精神，他才最终取得了成功。_____

整本书阅读

《人类群星闪耀时》

1.《人类群星闪耀时》的作者是 _____（国家）的 _____。

A. 法国

B. 奥地利

C. 儒勒·凡尔纳

D. 斯蒂芬·茨威格

2. 以下对《一夜天才》内容的介绍和理解，不正确的是哪一项？ _____

A. 鲁热很谦虚，从来没有把自己当做一个了不起的作曲家，因为他的诗作从未刊印过，歌剧从未上演过，他善于即兴写诗。

B. 鲁热写出来这首曲子的开头，就用小提琴试了试，节律非常妙，于是急忙继续写下去。

C. 鲁热是一位和蔼可亲的诗人兼作曲家和演唱家，还是男高音，他创作并演唱了这首歌，很有魅力。

D. 鲁热创作的《马赛曲》节拍强烈，慷慨激昂，给士兵们带来战斗的力量。

附参考答案：

家国情怀 1

第一单元／高山仰止

《华罗庚：爱国赤子心》

1.B　2.C　解析：华罗庚在剑桥的两年间，写了18篇论文，先后发表在英国、苏联、印度、法国、德国的数学刊物上，他成为了一名颇有影响的数学家。所以选C。

《中国核专家林俊德——一辈子隐姓埋名坚守罗布泊》

1.正确。　2.A　解析：由文中的“说着就走上前……自己却上去排除了险情”可知A错误。

《假如可以再生，我仍选择中国》

1.A　C　B　2.D　解析：夫人许鹿希支持邓稼先的事业，但是“不要让人家把我们落得太远……”是邓稼先的临终嘱托。

《在约里奥-居里夫妇门下》

1.B　2.D

《超级水稻，袁隆平心中的中国梦》

1.A　2.B　解析：功夫不负有心人，袁隆平花了七年的时间，最后终于实现了杂交水稻亩产900公斤的目标。

《曾庆存：让天有“可测”风云》

1.D　2.正确。

第二单元／栋梁之材

《闻一多先生上课》

1.正确。　2.B　解析：第6段中“叫座”一词写出了闻先生讲课非常有吸引力，来听课的学生很多。

《最后一位戴罪的功臣（节选）》

1.B　解析：捐出私银，承修一段河渠。

2.D

《章太炎》

1.A　2.D　解析：章太炎写字笔画苍劲，笔笔入纸，功力之深近于宋朝李西台（建中），只是倔强而不流利。

《梅贻琦的操守》　1.正确。　2.C

《万世师表（节选）》

1.B　2.B　解析：他一直为中国教育的崛起奔波，他想让年迈的爷爷奶奶、用人、帮工、打杂者、货场的脚力、拉洋包车的师傅们都识字。

《望日莲》　1.D　2.A

第三单元／魅力师友

《鲁迅先生记》

1.正确。　2.A　解析：第3段运用细节描写，写出了鲁迅先生永不停息的工作热情和奋斗不止的拼搏精神。并没有借烟消愁。

《琐忆》

1.C　2.D　解析：文中“小溪”指“青年”，“烂泥塘”指“夸夸其谈的学者”，表现了鲁迅对青年的关爱，言传身教。

《忆刘半农君》　1.AC　2.D

《悼夏丏尊先生》

1. 正确。　2.D　解析：应该是对学生的爱，夏先生对学生的教育方式是“妈妈的教育”，重言教，率直开导，谆谆教导，学生乐于接受。

《敬悼许地山先生》

1.D　解析：他有学问，而没有架子，他爱说笑话，并不内向。　2. 错误。　解析：“不耻下问”的意思是向地位、学问不如自己的人请教而不感到丢面子。文中是“我”向地山请教，他不轻视“我”，意思不相同。

《我记忆中的老舍先生》

1.C　2. 错误。　解析：“老舍先生的道德文章，光如日月，巍如山斗”一句运用比喻的修辞手法，把老舍先生的道德文章发出的亮光比作如同太阳和月亮，高得像泰山北斗一样，表达了作者对老舍先生的尊重、欣赏、敬佩、赞叹。

《忆白石老人》

1. 正确。　2.D　解析：由文中的“没有看见他临摹别人的。他具有敏锐的观察力，记忆力特别强，能准确地捕捉形象”一句可知D错误。

第四单元／为学有道

《任末好学》

1.A　2.D　解析：文章中有一个成语是“行尸走肉”，比喻不动脑筋，无所作为，糊里糊涂过日子的人。

《范仲淹苦学》1.B　2.A

《师旷论学》

1. 错误。　解析：晋平公想要学习，却担心自己年龄已老。并不是不想学习而故意找年龄老当作借口。　2.D　解析：师旷成功地说服了晋平公，达到了劝学的目的。但是两人不是师生关系，而是君臣关系。

《董遇“三余”读书》

1.B　2. 错误。　解析：本文围绕读书讲了“书要多读”和“读书要抓紧空余时间读”两方面内容。

《沈约勤学》

1.D　2.C　解析：结合翻译，可知“之”在这里是代词，代指的是“白天所读的文章”。

《司马光苦读》　1.A　2.D

《王冕读书》

1.C　2. 错误。　解析：文章讲述了王冕幼时读书专心致志，好学不倦，并且达到痴迷的程度。文中收王冕为弟子的老师叫韩性，不是韩信。所以错误。

整本书阅读

《人类群星闪耀时》

1.BD　2.C　解析：鲁热是一位和蔼可亲的诗人兼作曲家，但不是演唱家。

家国情怀 2

第一单元　赤子之歌

《一句话》

1. 下列作品中哪一项不是闻一多先生的作品？______

   A.《红烛》

   B.《死水》

   C.《七子之歌》

   D.《有的人》

2. 诗歌的题目“一句话”，在诗中具体指哪句话？______

   A. 等火山忍不住了缄默。

   B. 咱们的中国。

   C. 别看五千年没有说破。

   D. 不要发抖、伸舌头、顿脚。

《炉中煤——眷念祖国的情绪》

1. 诗歌“啊，我年青的女郎！我不辜负你的殷勤”这句话中的“殷勤”有什么含义？______

   A. 祖国辛苦地教育培养人才。

   B. 祖国给年轻人提供发展的机遇。

   C. 祖国给诗人提供了生长的环境。

   D. 祖国对于诗人的养育之恩。

2. 下列对这首诗的理解和赏析，不准确的是哪一项？______

   A.“炉中煤”的前身“原本是有用的栋梁”，过去“活埋在地底多年”，“今朝总得重见天光”，表面上写的是煤的形成过程，其深层含义是说自己原本是祖国的栋梁之才，但在黑暗现实的压迫下，空怀报国之志，却无报国之门。

   B.“你也不要辜负了我的思量”，这句话中的“思量”不仅是指对祖国山川土地的眷恋，而且表达了对祖国的期望，希望祖国不断发展、日益强盛。

   C. 诗人把自己称为“黑奴”，是因为诗人在祖国的怀抱中得不到庇佑，总是为祖国受尽委屈，“黑奴”表面上是指皮肤黝黑的劳动者，实际上是表达作者内心对于祖国的埋怨。

   D.“啊，我年青的女郎！”这句话在诗中反复出现，造成了一种反复咏叹的效果，使得情感更加热烈深沉，表达更加强烈。诗歌的结尾与之呼应，表达出了诗人对祖国的苦恋和奉献。

《青纱帐——甘蔗林》

1. 本文的作者是诗人______。

   A. 闻一多

   B. 艾青

C. 郭小川

D. 臧克家

2. 关于“青纱帐”和“甘蔗林”理解不当的一项是 ____。

A. “青纱帐”是指北方的高粱地，“甘蔗林”是指南方的甘蔗林，它们分别是南北方重要的农作物。

B.“青纱帐”是指过去的战斗岁月；“甘蔗林”是指祖国建设发展的新时代。

C. “青纱帐”是老一代人顽强不屈争取解放的象征；“甘蔗林”是新一代人充满热情建设祖国的象征。

D. “青纱帐”和“甘蔗林”用破折号相连接，表现了中国人民一脉相承的热爱祖国、建设祖国的精神。

《生活在自己的祖国，我很骄傲》

1. 第一小节“听那布谷鸟清脆的声声高叫 / 白杨树迎风披襟畅怀大笑”从听觉和 ____ 的角度入手，并且采用了 ____ 的修辞手法，描绘了大自然自由自在的景象。

A. 嗅觉

B. 视觉

C. 比喻

D. 拟人

2. 下列对这首诗的理解，不恰当的是哪一项？ ____

A. 第二小节前两句引出衰落的烦恼，接着又写祖国的常青树，前后看似矛盾，实则形成了强烈的对比，表明在作者的心中，祖国永远强盛，永远不会衰老。

B. 作者在祖国虽然生活并不富有，但是只要在祖国的怀抱之中，内心就是感恩的，内心永远激动。

C. 作者的生活其实单调乏味，他为自己物质匮乏感到无奈，但是祖国美好的自然风景又让作者心里得到慰藉。

D. 在作者的心中，祖国始终占有重要的位置，只要和祖国在一起，作者不会抱怨物质条件的艰苦。

《歌唱祖国》

1. 判断：《歌唱祖国》是由王莘作词、作曲的一首歌曲，全曲激情澎湃，充满了爱国情怀。____

2. 歌词中歌颂的这个时代人民的精神特质依次有 ____、____、____。

A. 爱和平、爱家乡

B. 勤劳、勇敢

C. 团结友爱、坚韧顽强

D. 不断创造

《黄河之水天上来》

1. 诗作指出，“我们”要学习黄河的榜样，像黄河一样：____。

A. 日行千里

B. 疯狂壮烈

C. 伟大坚强

D. 热血沸腾

2. “黄河”是中华文明的摇篮，下列选项中所写“河”不是指“黄河”的是哪一项？ _____

A. 饮于河、渭，河、渭不足，北饮大泽。（《夸父逐日》）

B. 黄河远上白云间，一片孤城万仞山。（《凉州词》）

C. 望长城内外，惟余莽莽；大河上下，顿失滔滔。（《沁园春·雪》）

D. 迢迢牵牛星，皎皎河汉女。（《古诗十九首》）

第二单元　追忆长征

《七根火柴》

1. 第2段“草地的气候就是怪，明明是月朗星稀的好天气……不分点地倾泻下来”通过 _____ 描写，突出了 _____。

A. 环境

B. 细节

C. 茫茫草地气候变化无常、暴雨时作、遍地潮湿的特点

D. 草地上人员稀少、战士们内心悲凉的心情

2. 无名战士牺牲时，作者写到卢进勇的“眼睛模糊了”，为什么又说“只有那只手是清晰的”？ _____

A. 因为卢进勇为牺牲的战友落泪，所以远处的景物“模糊”，只能“清晰”看见近处的手。

B. 这是夸张的手法，只有这样写，才能突出无名战士的“那只手”。

C. “模糊”是写失去战友的悲痛，“清晰”是指对烈士精神的敬仰。

D. 这样写，给人以强烈的感受，对读者起到教育作用。

《小董爬雪山的故事》

1. 第4段“爬到半山腰，开始起大风了，寒风瑟瑟，草枝摇曳，像初冬一样；再往上爬，太阳看不见了……”通过 _____ 描写，表明了 _____。

A. 细节

B. 环境

C. 雪山环境的恶劣

D. 雪山的崎岖

2. 下列对这篇文章的理解，不准确的是哪一项？ _____

A. 刚开始爬雪山的时候，小董特别开心，心想在炎热的夏天可以去雪山上乘凉。

B. 风雪交加时，首长使劲拉着小董，生怕把小董冻住。

C. 为了登山的时候不受束缚，战士们

带的唯一的东西就是干粮。

D. 从山脚到半山腰的整个过程，都是很顺利的，天气也不错。

《丰碑》

1. 将军发现死者之后一系列的心理变化依次是 _____、激动、_____、_____、内疚、_____。

A. 发愣

B. 愤怒

C. 敬仰

D. 震惊

2. 关于小说内容，分析概括最恰当的一项是 _____。

A. 小说讲述了红军的军需处长在风雪交加的行军途中因衣服单薄而被冻死的事迹，表现了军需处长一心为公、舍己救人的崇高品质。

B. 小说叙述死者的时候，是通过警卫员的口气不急不忙地汇报的，表现了将军的镇静。

C. 作者在刻画死者和将军的时候，都用了神态描写和心理描写。

D. 小说多处运用了衬托，如用将军的急躁衬托军需处长的镇定自若。

《火把》

1. 关于本文所表现的红军精神概括准确的是 _____。

A. 英雄主义精神

B. 革命乐观主义精神

C. 浪漫主义精神

D. 现实主义精神

2. “火把”出现之前和“火把”出现之后队伍中发生的变化有 _____、_____、_____。

A. 士气低落——士气高昂

B. 饥饿疲劳——忍饥挨饿

C. 将士分歧——上下一心

D. 被动行军——主动应变

《唯一的红军》

1. “他正艰难地往帐篷边上走。他掀开一个帐篷的帘子，看了看里面酣睡的人，又往另一个帐篷走去……”通过对老红军的 _____ 描写，突出了 _____。

A. 动作

B. 神态

C. 行动不便的老红军非常关注开荒的事

D. 身体不好的老红军对待工作认真

2. 下列对这篇文章的理解，不准确的是哪一项？ _____

A. 这篇文章运用插叙的方法，把现实和战争年代串联起来，塑造了一个无私的老红军形象，进一步突出了老红军的奉献精神。

B. 在老红军差点死去时，首长说还要让老红军打旗，老红军深知自己已经残废，内心悲伤不已。

C. “也就在我们欢庆胜利时，一个噩

耗传来——老红军去世了”，一悲一喜两种情感交融在一起。

D. 老红军没有死去，而是成为队伍中第一个专门品尝草根的人，老红军永远不忘自己的本分，永远为大家服务。

《悲壮草地行（节选）》

1. 选文第 2 段表现出的红军精神主要是_____、_____。

A. 不畏艰险

B. 团结友爱

C. 坚持不懈

D. 信念坚定

2. 下列诗句表现行军艰难的一项是_____。

A. 大漠沙如雪，燕山月似钩

B. 将军金甲夜不脱，半夜军行戈相拨，风头如刀面如割

C. 纷纷暮雪下辕门，风掣红旗冻不翻

D. 将军百战死，壮士十年归

第三单元　保家卫国

《战士》

1. 小说开头描写了抗日根据地石桥村冬季河边_____和_____的场景，富有生活气息。

A. 村妇淘菜

B. 村妇洗衣服

C. 小战士捉鱼

D. 小孩子滑冰

2. 对文中“伙计”的性格分析，错误的是哪一项？_____

A. 英勇善战，不怕牺牲。他追敌受伤；指挥民兵打赢伏击战。

B. 孤芳自赏。他身受重伤，还想再上战场杀敌报国，认为自己威力不减。

C. 爱憎分明。枪林弹雨中救助班长，不放走一个敌人。

D. 自立自信。受伤后和残疾战友开合作社谋生，相信自己还有能力杀敌。

《船夫曲》

1. 人们对李书记的哪些方面闻名已久？_____

A. 狠劲、拼劲、巧劲。

B. 狠劲、干劲、钻劲。

C. 冲劲、闯劲、巧劲。

D. 冲劲、干劲、韧劲。

2. 本文标题“船夫曲”有什么作用？下列分析不正确的是哪一项？_____

A. 船夫曲作为线索，贯穿全篇，使文章结构更紧密。

B. 船夫曲象征着中华民族不畏艰险、奋勇向前的精神。

C. 船夫曲的反复出现，渲染了革命热情，增强了文章的感染力。

D. 船夫曲表现了船夫们虽然贫苦，但是勤奋好学,有梦想,引发读者思考。

《我怎样写〈谁是最可爱的人〉》

1. 作者看到战士们在朝鲜战争中面临的困难是 _____ 和 _____。

A. 任务不明确

B. 任务艰巨

C. 作战环境艰苦

D. 亲人的不理解

2. 以下对文章内容的概括和理解，错误的是哪一项？ _____

A. 战士们的共同点是对伟大祖国的爱，对朝鲜人民深厚的同情，和在这个思想基础上产生的革命英雄主义。

B. 作者认为作品中不仅要写战士的英雄行为，还要写出战士英雄行为中的英雄的思想感情。

C. 作者认为只写战士多次投手榴弹，把活的人写死了，会把英雄的人写成了纸人纸马，不感动人。

D. 作者很喜爱写通讯，在抗战期间写过很多通讯，都表现了战士们的英勇和爱国热情。

《无线电话机旁》

1. 以下对小通讯员的形象分析，有误的是哪一项？ _____

A. 年龄小，只有十七岁。

B. 矮个子，圆眼睛，塌鼻梁。

C. 总是很严厉，很少有笑容。

D. 很勇敢，勇于保护营长。

2. 下面对“金星软软的两手垂在营长肩上，只一滑，像条鱼滚倒在地上”一句的赏析，正确的是哪一项？ _____

A. 运用比喻，生动形象地写出金星因为年龄小，身体很轻的状态。

B. 运用夸张，生动形象地写出金星因惧怕而昏倒的状态。

C. 运用夸张，生动形象地写出金星因受到袭击而昏倒的状态。

D. 运用比喻，生动形象地写出金星因受重伤而身体无力的状态。

《游击队员宋二童》

1. 下列哪一项是宋二童初入伍时的唯一的心事？ _____

A. 杀死一个鬼子。

B. 自己搞一条枪。

C. 用哨子引敌人进埋伏圈。

D. 能够勇敢冲锋陷阵。

2. 下列关于宋二童的事件，概括正确的是哪一项？ _____

A. 宋二童用哨子吸引鬼子的注意，引导鬼子离开坞头。

B. 宋二童单人到据点赶集，并和游击队取得联系。

C. 宋二童白天到碉堡跟前插小旗、贴

标语。

D. 宋二童带枪进城，平安回来，把丢了的脚踏车又找了回来。

第四单元　情系故土

《想北平》

1. 下列哪项不是老舍的作品？ ______

A.《四世同堂》

B.《荷塘月色》

C.《茶馆》

D.《龙须沟》

2. 下列对文章的理解，不恰当的是哪一项？ ______

A. 本文多次运用了对比的手法，其中关于果子的内容，是为了表现作者对外来果品的不屑。

B. 作者在文中把北平比作摇篮，说明北平在作者眼中是个安全的归宿。

C. 老舍的作品市民气息浓郁，北京味十足，有幽默感，本文也不例外。

D. 本文结尾很有特点，既干净利落地了断了全文，又给人意犹未尽的感觉。

《黑土地》

1. 文中描述黑土地上人们的劳作方式依次有 ______、______、______。

A. 采参

B. 渔猎

C. 耕种

D. 伐木

2. 作者对黑土地的感情概括准确的一项是 ______。

A. 感动、赞美

B. 热爱、眷恋

C. 自豪、骄傲

D. 骄傲、依恋

《月是故乡明》

1. 文章的线索是 ______。

A. 我的生平

B. 月亮

C. 时间

D. 地点转换

2. 下列诗句中借写月亮表达思乡之情的是 ______。

A. 海上生明月，天涯共此时。情人怨遥夜，竟夕起相思

B. 明月出天山，苍茫云海间。长风几万里，吹度玉门关

C. 共看明月应垂泪，一夜乡心五处同

D. 但愿人长久，千里共婵娟

《故乡情》

1. “我”在故乡寻得的内容包括 ______、______、______。

A. 乡音

B. 景致

C. 希望

D. 儿时的美食

2. 下列选项表述作者对故乡情感的概括正确的是 ____、____、____。

A. 对故乡的过去失望、伤感

B. 对故乡的过去眷恋、怀念

C. 对故乡的现在新鲜、熟悉

D. 对故乡的未来充满希望、祝愿

《故乡在远方》

1. “但它们只是我摇篮上的饰带和点缀”这句话中，“摇篮”是指 ____，“它们”是指 ____。

A. 杭州

B. 洛舍

C. 竹编的淘箩，珍珠般的白米等。

D. 翠竹、香樟树、草地、含笑花等。

2. 作者写到北大荒的生活时的情感表述，恰当的是哪一项？ ____

A. 怀念。

B. 忧伤。

C. 热爱。

D. 惆怅。

《乡土情结》

1. 关于全文的写作思路，表述正确的选项是 ____、____、____。

A. 开篇点题，强调乡土情结是人人都有的。

B. 文章主体部分按照离家—离乡—离国的思路组织文字。

C. 再写乡土情结是环境造成的。

D. 最后强调乡土情结不会随着科技的进步而失去。

2. 本文的情感变化表述恰当的是哪一项？ ____

A. 温馨愉悦—拼搏奋起—回馈祝愿—悲痛无奈。

B. 温馨愉悦—回馈祝愿—拼搏奋起—悲痛无奈。

C. 温馨愉悦—拼搏奋起—悲痛无奈—回馈祝愿。

D. 温馨愉悦—悲痛无奈—拼搏奋起—回馈祝愿。

第五单元　人物春秋

《木兰歌（节选）》

1. 判断：《木兰歌》描述了花木兰替父从军前的准备以及作战的决心。____

2. “秣马备戎行”与下列哪个成语的意思一样？ ____

A. 兵临城下。

B. 兵荒马乱。

C. 马不停蹄。

D. 厉兵秣马。

《明妃曲》

1. 关于“一去心知更不归，可怜着尽汉宫衣”，理解正确的一项是 _____。

A. 路途遥远，没有商旅通行，买不到做衣服的布料

B. 胡汉交恶，互不往来，回不来了

C. 留在匈奴的时间太久，衣服全都穿坏了

D. 昭君思念故土，执着地在胡地穿汉服生活

2. 下列对本诗歌表现的主旨，说法最准确的一项是 _____。

A. 诗人以“昭君和番”为主线，写出她出塞时、出塞后对故土的眷恋与思念

B. 把王昭君还原成一个普通的女子

C. 用失宠的阿娇来劝解女子要爱护自己

D. 不能低估小人物的作用，毛延寿的一个举动改变了昭君的命运

《白马篇》

1. 关于诗中人物特点概括准确的选项是 _____、_____、_____。

A. 气势不凡，英勇豪迈

B. 敏捷灵巧，武艺超群

C. 恣意挥霍，逍遥放纵

D. 征战沙场，视死如归

2. 文中描写人物勇武过人的句子是哪一句？ _____

A. 少小去乡邑，扬声沙漠垂。

B. 狡捷过猴猿，勇剽若豹螭。

C. 边城多警急，虏骑数迁移。

D. 名编壮士籍，不得中顾私。

《咏荆轲》

1. 下列选项中渲染悲壮气氛的诗句有 _____、_____、_____。

A. 渐离击悲筑，宋意唱高声

B. 萧萧哀风逝，淡淡寒波生

C. 商音更流涕，羽奏壮士惊

D. 凌厉越万里，逶迤过千城

2. 判断：荆轲出于忠诚爱国而去刺杀秦王，这句话表述了荆轲刺秦的动机。 _____

《侠客行》

1. 下列选项中同为李白诗句的有 _____、_____、_____。

A. 飞流直下三千尺，疑是银河落九天

B. 天子呼来不上船，自称臣是酒中仙

C. 事了拂衣去，深藏身与名

D. 人生在世不称意，明朝散发弄扁舟

2. 判断：侠客为了正义的目的而采取刺杀等手段，体现了侠客快意恩仇的特点，这种行为是可以接受的。这种观点是正确的。 _____

《题木兰庙》

1. “拂云堆上祝明妃”一句中的“明妃”指的是谁？ _____

A. 孝庄太后。

B. 武则天。

C. 杨贵妃。

D. 王昭君。

2. “梦里曾经与画眉”中的“画眉”借用了《木兰诗》中的哪一句诗？_____

A. 当窗理云鬓，对镜贴花黄。

B. 万里赴戎机，关山度若飞。

C. 唧唧复唧唧，木兰当户织。

D. 开我东阁门，坐我西阁床。

《鹧鸪天》

1. 下列词语解释有误的是哪一项？_____

A. 沉沦：沉没，国家处在危厄之中。

B. 海外：指美国，作者曾到美国留学。

C. 知音：这里指志同道合的革命志士。

D. 龙泉：此指古名剑。

2. 以下对“休言女子非英物，夜夜龙泉壁上鸣”一句赏析正确的是哪一项？_____

A. 表现了词人对当时社会重男轻女思想的批判。

B. 表现了词人勇于面对挫折的信心。

C. 表现了词人以身许国的决心和敢做英雄的魄力。

D. 表现了词人对历朝历代英雄的崇拜。

整本书阅读

《青春万岁》

1. 本书的主要人物有_____、_____、_____等。

A. 杨蔷云

B. 郑波

C. 李春

D. 孙少平

2. 下列选项对本书所反映的时代风貌表述恰当的是_____。

A. 昂扬向上，充满建设新生活的热情

B. 厚积薄发，充满干劲

C. 坚定信心，勇于改变

D. 求新求变，努力创新

附参考答案:

家国情怀2

第一单元/赤子之歌

《一句话》 1.D 2.B

《炉中煤——眷念祖国的情绪》

1.D 2.C 解析:诗人把自己比作“黑奴”,十分贴切地表达了诗人毫无保留的奉献精神,“黑奴”既表热爱,又表献身,表达了诗人对于祖国无限地爱恋,希望凭借自己的力量能够让祖国越来越好。

《青纱帐——甘蔗林》 1.C 2.A

《生活在自己的祖国,我很骄傲》

1.BD 2.C 解析:作者在最后一小节表示,虽然物质清贫,生活艰苦,但生活在自己的祖国感到很骄傲,作者的骄傲并不是因为祖国的美丽风光,而是因为他强烈的爱国之心,对祖国的依恋,并且希望祖国发展越来越好,作者想永远和祖国在一起。

《歌唱祖国》 1. 正确 2.CBA

《黄河之水天上来》 1.C 2.D

第二单元/追忆长征

《七根火柴》

1.AC 2.C 解析:“模糊”和“清晰”在这里并不矛盾,“模糊”是说卢进勇哭了,他为战友的离去感到悲痛,“清晰”是指烈士的精神明确地指引着长征部队前进的方向。

《小董爬雪山的故事》 1.BC 2.C

《丰碑》 1.BADC 2. A

《火把》 1.B 2.ACD

《唯一的红军》 1.AC 2.B

《悲壮草地行(节选)》 1.AB 2.B

第三单元/保家卫国

《战士》 1.AC 2.B

《船夫曲》 1.B 2.D

《我怎样写〈谁是最可爱的人〉》

1.BC 2.D

《无线电话机旁》 1.C 2.D

《游击队员宋二童》 1.B 2.D

第四单元/情系故土

《想北平》

1.B 2.A 解析:“对外来果品的不屑”说法不准确。

《黑土地》 1.ACD 2.B

《月是故乡明》 1.B 2.B

《故乡情》 1.ABC 2.BCD

《故乡在远方》 1.AD 2.A

《乡土情结》 1.ABD 2.D

第五单元/人物春秋

《木兰歌（节选）》 1. 正确。 2.D

《明妃曲》 1.D 2.A

《白马篇》 1.ABD 2.B

《咏荆轲》

1.ABC 2. 错误。 解析：荆轲刺秦王是为了报答燕太子丹对他的赏识，他视太子丹为知己。

《侠客行》

1.ACD 解析：B 项是杜甫写李白的诗句。 2. 错误。 解析：为了正义的目的并不是采取极端手段的理由。

《题木兰庙》 1.D 2.A

《鹧鸪天》 1.B 2.C

整本书阅读

《青春万岁》 1.ABC 2.A

家国情怀③

第一单元　童年印象

《老哥哥》

1. 本文首尾两段都写到了秋风，对结尾段的分析不正确的是哪一项？ ____

   A. 意在表达“我”对年事已高的老哥哥的担忧和同情。

   B. 意在烘托怀人的氛围，为怀念老哥哥这个人物奠定基调。

   C. 使文章更有逻辑性，有始有终，结构严谨。

   D. 照应开头，更加强烈地突出中心，抒发作者的思想感情。

2. 下列对文章内容和艺术特色的分析，不正确的是哪一项？ ____

   A. 老哥哥是个勤劳能干的人，他是“我”家的长工，从“我”曾祖父一直伺候到“我”。

   B. 老哥哥“日夜蜷缩在他那一角炕头上，像吐尽了丝的蚕一样”，运用了比喻的修辞手法，生动地刻画出被榨干血汗的底层劳动者形象。

   C. 老哥哥五十年来跑里跑外为这个家奉献了一生，最后却因为一点小事而被“我”祖父赶出家门，表现了“我”对老哥哥软弱、憨厚的无奈心理。

   D. 文章从前年的见面说起，再回忆老哥哥以前的生活，这样写有助于表现“我”与老哥哥之间的深厚感情。

《五叔春荆》

1. 文中能够体现五叔“温厚仁爱”的事情依次有 ____、____、____、____。

   A. 对“我”关心，疼爱有加

   B. 对下人尊重，平等相待

   C. 对长辈孝顺，悉心照顾

   D. 听父母话，用功读书

2. 对文章结尾的理解，不正确的是哪一项？ ____

   A. 对墓地环境的描写，渲染了悲凉、凄清的氛围，更令人伤感。

   B. 寓情于景，表达了对五叔的思念和对他早逝的痛惜。

   C. 暗示社会环境，展示世态风情，烘托人物的情感和思想。

   D. 墓石上磨损的大字，与开头“五叔夭死”相呼应，结构完整。

《我的童年》

1. 童年（十一岁前）生活给作者的烙印最深，并影响了作者成年后的性格爱好，下列哪一项不含在内？ ____

   A. 热爱大自然，爱看星星。

B. 爱好读书读诗，爱看京剧。

C. 喜欢与士兵、工人、农夫、渔夫交朋友。

D. 喜欢和同龄的女伴去“野”。

2. 对“于是那七八年山陬海隅的生活，我多半是父亲的孩子，而少半是母亲的女儿”的理解，不正确的是哪一项？_____

A. 少有少女的气息，却有男孩子的野性。

B. 不爱搽脂粉、学针线，偏爱着男装穿军装。

C. 父亲是嫡亲的父亲，而母亲却是没有血缘的继母。

D. 整天跟在父亲身边，很少和母亲在一起。

《系在风筝线上的童年》

1. 文中写做风筝的过程依次是_____、_____、_____、_____。

A. 系缠放线

B. 找来竹篾

C. 糊纸涂色

D. 制作骨架

2. 对“我”的童年是“鹅黄色”的理解感悟，不正确的是哪一项？_____

A. 说明“我”的童年生活正如大地那样虽稚嫩却充满着生机和欢乐。

B. 照应开头“淡淡的鹅黄的绿意”，显出大地充满生机和活力。

C. 表现“我”童年的稚嫩，童年生活的色彩单调而缺乏丰富多彩的趣味。

D. 暗含有作者对童年生活的赞美歌颂和恋恋不舍之情。

《玩具》

1. 下列对作者思想感情的认识，不符合文意的是哪一项？_____

A. 对童年美好往事的回忆。

B. 对母亲深深的思念。

C. 对物是人非的迷惘和感伤。

D. 对身体残疾的现状极为不满。

2. 作者在文中多次提到老屋，特别是“绿色的门窗，红色的柱子，很高很高的青灰色台阶”。对于其用意的分析，下列表述不正确的是哪一项？_____

A. 玩具是母亲从老屋里买的，它承载着作者不可磨灭的童年记忆。

B. 表达了作者对童年的美好回忆和对母亲的深沉怀念。

C. 强调老屋在当时是标志性的建筑，很漂亮，引人注目。

D. 体现出作者对岁月流逝、物是人非的感伤之情。

《滋味》

1. 下列对本文第一句话在文章结构上的作用的分析，正确的是哪一项？_____

A. 照应标题。

B. 埋下伏笔。

C. 总领全文。

D. 点明主旨。

2. 下列对文中句子的赏析，不恰当的是哪一项？______

A. “回家的路上我举着那只纸筒一路疯跑，恨不得马上就把它点着。” “举”字充分传达出“我”内心抑制不住的兴奋、狂喜。仿佛要让所有的人都看到，也是因为很爱它，怕不小心碰到什么给弄坏了。

B. “我一大颗一大颗地往嘴里塞着，差点连核都来不及吐出来。” “塞”是用力地往嘴里放，没有咀嚼回味的余地，这样写突出表现“我”的贪婪和对杨梅的喜爱程度。

C. “于是那篓子里一点点浅下去，大家齐心协力，终于把杨梅吃光了。” 一个“浅”字（形容词用作动词），就把在一个孩子眼中的杨梅逐渐变少的动态生动形象地表现了出来。

D. “大家都嘻嘻哈哈地拥了出来，很多双眼睛，在黑暗的院子里亮起来。” “拥”字突出了“我”焦急等待的心情以及大家也急于看放烟花的心情。眼睛“亮”起来，表明在“我”看来，大家也和我一样欣喜，并且都关切地盯着烟花。

第二单元　人生微澜

《信客》

1. 下列对“信客信客就在一个信字，千万别学我”这句话的理解，不正确的是哪一项？______

A. 老信客为自己的“失德”深深懊悔。

B. 老信客对顾客的“刁难”无可奈何。

C. 说明“信”为信客的立业之本。

D. 老信客对年轻信客的未来充满极大的希望。

2. 下列对年轻“信客”形象的分析，不恰当的是哪一项？______

A. 待人宽厚，善良厚道。

B. 任劳任怨，恪尽职守。

C. 英勇无畏，勇斗歹徒。

D. 诚信无私，洁身自好。

《看自行车的女人》

1. 下列对人物描写的赏析，不正确的是哪一项？______

A. “看自行车的女人追了几步，回头看着一排自行车……慢慢走回原地，捡起自己的小铁瓷碗，瞧着发愣。忽然，头往身旁的大树上一抵，呜呜哭了” 主要运用了神态描写，写出了她被抢后的为难、无助与伤心。

B.“（看自行车的女人）很不好意思地说：‘那就不用给钱了，走吧走吧！’”主要运用了语言描写，写出了她腼腆善良、信任他人的高贵品格。

C.“看自行车的女人四十余岁……穿着一套旧迷彩服……没穿袜子，脚面晒得很黑”主要运用了外貌描写，写出了她衣服的廉价、穿着的过时、工作的辛苦。

D.“帽舌下，那两只眼睛，呈现着莫大而又无助的惊恐”主要运用了神态描写，写出了她当时的处境和内心的惊恐。

2. 下列对看自行车女人特点的分析，不恰当是哪一项？ _____

A. 诚信待人，品格高尚。

B. 心地善良，乐于助人。

C. 面对不公，懦弱无为。

D. 工作认真，尽职尽责。

《小偷、车夫和老头》

1. 下列对文章结尾段的理解，不正确的是哪一项？ _____

A. 作者伸出援手却不自诩，受到感恩反而更警醒自责，表现了最为珍贵的良知。

B. 作者施小惠而受大谢，觉得自己不该领受老人如此沉重的感恩，为自己无力帮助他们而羞恨。

C. 作者针砭时弊，对社会老无所养发出反问，表现出她最朴素、最真挚的道义担当。

D. 作者看到老头子的背影，为自己不能在祖父身边尽孝而羞恨，表现出浓浓的亲情。

2. 下列对车夫和老头的人物分析，不准确的是哪一项？ _____

A. 从老头与“我”说话时都是被动应答，他们以为“我”多给了钱，要将多收到的钱还给“我”，可以看出他们的诚实、本分。

B. 从“还没有推完，车夫就不再动手了”“这时候他又弯下腰，去弄一些碎的”可以看出，车夫盘算时机开口讨要木柈的奸猾，以及得寸进尺的贪婪。

C. 从“这些东西顶没有脸，拉两块就得了吧！贪多不厌，把这一车都送给你好不好”，可以看出车夫的正直，对贪得无厌行为的愤恨，对主顾的忠诚。

D. 从“丢了两块木柈哩！小偷来抢的，没看见？要好好看着，小偷常偷柈子”中可以看出车夫的世故、精明，显得居高临下，没有把主顾放在眼中。

《那一排钻天杨》

1. 判断：这篇文章虽然篇幅不长，但是时间跨度很大。作者采用倒叙的手

法，描写了四十多年时间里人和生活的巨大变化，展现社会迅速发展的时代风貌，讴歌了改革开放的伟大成果。_____

2. 下列对文章相关内容的分析，不正确的是哪一项？_____

A. “每次我去打香油，她都会满满打上来，动作麻利”运用细节描写，表现了小冯技艺娴熟，是一名称职的店员。

B. 文章多次写到小冯的笑，如“笑吟吟地叫我”“咯咯又笑了起来”“忍不住又笑了起来”等，写出了小冯在不同场景下的神情，表现了她的热情、开朗。

C. 文章选用的副食品商店、麻酱证、香油票等事物极具典型性，能够唤起一代人对改革开放前中国社会的集体记忆。

D. 作者四十多年后再见到小冯，“她似乎比以前更漂亮了，也显得比实际年龄要年轻许多”暗示小冯的生活条件比以前改善了很多。

《悠长的铃声》

1. 判断：本文通过记叙打铃师傅怕“我”迟到故意延长铃声以及“我”记错师傅姓氏的故事，赞扬了老师傅宽厚善良的优秀品质，同时告诉人们要用一颗感恩的心对待身边的人和事。_____

2. 下列对文中句子的理解分析，不正确的是哪一项？_____

A. “他瘦而黑，像一根铁钉”运用比喻的修辞手法，将打铃老师傅的形象传神地展现出来。

B. “他苍老的头颅在秋风中像芦花一般摆动着，脸色因为窘迫，像生了红锈”通过神态和外貌描写，表现了孙师傅有求于人时想说又不敢说的羞涩与窘迫。

C. “花花绿绿的伞，填满每条街道，到处堵车”描绘出雨天街道上的人很多，表达了“我”对雨天的厌恶。

D. “上课的铃声在我背后响起来了，像一条鞭子，抽我的双腿”体现了“我”不想迟到的急切心情。

《独腿人生》

1. 文中详细描写了独腿车夫用力蹬车的情形，下列对其作用的分析不恰当的是哪一项？_____

A. 通过车夫蹬车的艰难，从细节上表现他生活的艰辛不易。

B. 残缺的躯体，顽强的抗争，展现了车夫精神世界的伟大。

C. 为后文的情节发展做铺垫，让“我”产生心灵的触动。

D. 说明“我”在好奇心的驱使下观察得很仔细。

2. 下列对文章相关内容的分析和概括，

最恰当的是哪一项？______

A. 两个外国人来成都，偏坐独腿车夫的车看风景，表明他们心态不正常，鄙视中国人。

B. 朋友告诉“我”人力车的价钱，指责人力车夫不把客人送到目的地，这些小精明其实体现了他对“我”的关心。

C.“我”没有强行多给人力车夫2元钱，是因为车夫同意只收3元。

D. 文中的独腿车夫不是英雄，没有壮怀激烈的事迹，然而他却用发自灵魂深处最本真的光辉，让在人生中艰难打拼的人们看到了希望。

《哈提雅的第28个馅饼》

1.“她笑了，满是灰尘的小脸笑得像一朵淡黄色的雏菊。”下列对该句的理解不正确的是哪一项？______

A. 突出了哈提雅获得“我”的信任时内心喜悦的样子。

B. 暗示了天真稚气的孩子有时会被能言善道的人所欺骗。

C. 生动传神地描摹出一个纯真淳朴的维吾尔族小女孩形象。

D. 运用比喻，将哈提雅的笑容比作一朵淡黄色的雏菊。

2. 文章开头说“天上不会掉下馅饼”，结尾又说“品尝了世界上最美味的馅饼”，下列理解不正确的是哪一项？______

A. 逐步体现哈提雅天真调皮的性格、纯洁善良美好的心灵，以及“我”的思想转变，丰富人物形象。

B. 开头交代不会掉馅饼，引发读者阅读兴趣，为后文故事做铺垫，与结尾“品尝了世界上最美味的馅饼”相呼应。

C. 通过“我”的心灵反省，烘托出哈提雅的纯洁善良美好，也让读者有更多的反思，从而彰显主题。

D.“天上不会掉下馅饼”是“我”用成人“智慧”看待世界的一种认识和理解。“品尝了世界上最美味的馅饼”是“我”经历“礼物事件”后的一种新感悟。二者是在不同情境下得出的认识。

第三单元　岁月艰辛

《远行》

1. 下列对文中句子的理解，不正确的是哪一项？______

A.“母亲坐在门槛上，两手抵在下巴上，神情恍惚。”从该处神态描写中，可以看出母亲对“我”去当兵的不舍之情。

B.“后来我发现母亲的眼睛都在往弟弟妹妹们的脸上瞟。”从该动作描写中，可以看出母亲对“我”的偏爱，凸显母子情深。

C.“木门‘吱——嘎’叫了一长声。后来，这一声也很深地刻进我心里。”从该拟声词可以看出“我”对家的深爱和不舍。

D.“母亲的脸映在镜子里，我看到母亲的脸也斑斑点点。”表面写镜子的氧化照得母亲的脸斑斑点点，实则写母亲为家操劳留下的痕迹。

2. 下列对文章结尾“远”与“近”的理解，不正确的是哪一项？_____

A. 从离家的那一刻起，“我”对父母的眷念更加深沉，与父母的感情更近了。

B. 今后家的那扇门将始终萦绕在“我”的心头，对家的怀念与爱恋的情感更近了。

C.“远”的感觉来自于空间距离和时间距离，离家参军，距离确实是远了。

D.“我”对参军后的发展感到迷茫，不知能否脱离这个贫苦的家庭。

《草帽是父亲的徽饰》

1. 文中叙述了父亲与草帽的故事，下列事件按照文章写作的顺序依次是_____、_____、_____、_____。

A. 父亲用草帽覆盖在庄稼根部减少土壤水分蒸发

B. 父亲自己精心编织草帽

C. 父亲将草帽送给乡亲们

D. 父亲精心加工买来的草帽

2. 下列对文章结尾段的理解和感悟，不正确的是哪一项？_____

A. 它是文章中的尾段，揭示了文章所要表达的主旨情感。

B. 揭示出生命不在于长短，而在于是否有价值的深刻内涵。

C. 暗示着父亲的善行感动了天地，普惠了大地的四面八方。

D.“认识与感悟”实则就是对父亲精神的概括与赞美。

《木匠老陈》

1. 下列对文中语句的理解，最恰当的是哪一项？_____

A.“他的眼角上嵌得有泪珠。他哭了！”面对“我”的不相信和连续追问，他很委屈。

B.“我听说他晚上时常到小酒馆里喝酒”为老陈从楼上跌下来埋下伏笔。

C.“我抓住他的袖子，再也说不出一句话来。”老陈的美好祝福让“我”感动不已，借助这一动作表示感谢。

D.“总之，一个安分守己的人就这样地消灭了”强烈表达了“我”对老陈惨遭横死的激愤之情。

2. 下列对文章的理解与感悟，不恰当的是哪一项？_____

A. 木匠老陈有着一门好手艺，为人善良而又安分守己。

B. 这是一篇回忆性文章，表达了作者对旧时淳朴劳动人民的深切同情。

C. 文章末段写“这似乎是偶然，似乎又不是偶然”，自相矛盾，通过模糊的判断抒发“我”的感慨。

D. 老陈的悲剧是时代的悲剧，他虽手艺高超，但在那样的乱世是没有出路的，是无法过上安稳生活的。

《父亲的树》

1. 文章标题“父亲的树”意蕴丰富，下列分析不恰当的是哪一项？_____

A. 指父亲一生栽种的树，他通过卖椽卖柴供两个儿子念书。

B. 它承载着“我”对家庭贫困生活的记忆，对农村经济落后的批判。

C. 是父亲精神的象征：既是父亲一生爱栽树的体现，也是一生勤劳朴实、善良无私的父亲的象征。

D. 是“我”的精神寄托：是一种心灵感应的象征，是“我”精神的依靠，让“我”摆脱孤独、空虚、烦恼。

2. 结尾句“那是父亲留给这个世界也留给我的椿树，以及花的清香”有何作用？下列分析不恰当的是哪一项？_____

A. 赞美父爱的伟大与无私，高尚与淳朴。

B. 表达对父亲的敬意和无尽的思念。

C. 再次强调“我”喜欢闻椿树花开时散发的清香味。

D. 篇末点题，深化文章中心。

《母亲》

1. 文中多次写到母亲的笑容，下列理解不恰当的是哪一项？_____

A. “母亲灿烂的笑容，分明是冬日苍茫中最美丽的景致”，运用比喻，将母亲的笑容比作冬日苍茫中最美丽的景致，形象地表现出母亲洋溢的幸福感，又以冬日苍茫反衬母亲笑容具有暖人心怀的美丽。

B. “让我略感宽慰的是母亲的笑声，在女儿的亲昵下，甚至还透露出一丝逝去多年的娇媚”，从视觉的角度描写母亲的笑，又以小女孩的亲昵烘托母亲笑声的舒心甜蜜。

C. “那一刻，母亲笑得十分满足”，表现了母亲对儿女的一点点回报都十分满足，表现母爱的博大无私。

D. “女儿没有笑，我也没有笑，唯有母亲在那里开心地笑着”，运用对比手法，通过女儿的天真和“我”心中的酸楚衬托出母亲甘心付出、不计回报的伟大母爱。

2.“母亲的手是那乡村沃土，只要一场雪，

就会变得风姿绰约光洁照人，然而沃土之意义不是妩媚其表，而在于内里中长久的奉献。”下列赏析不恰当的是哪一项？_____

A. 用比喻修辞，写出母亲的手的美丽形象，表达对母亲的赞美。

B. 运用对比，指出母亲的手与沃土的不同特点。

C. 议论中饱含情感，揭示“沃土”的含义，歌颂母亲的奉献品格。

D. 写人物形神兼备，既写外表，又写内心，使母亲的形象更加丰满感人。

《怀念祖母》

1. 文中作者通过三件事来怀念祖母，依次是_____、_____、_____。

A. 焙鱼待客

B. 缝补衣服

C. 节省火柴

D. 纺棉花

2. 下列对文章中“我”三划火柴特写镜头的理解，不正确的是哪一项？_____

A. 祖母对“我”三划火柴很生气，侧面写出祖母生活的艰辛。

B. “太可惜了”体现出祖母对年幼孙子的无可奈何。

C. 三划火柴，反映了“我”年少不知生活的艰辛。

D. “忍”“夺”表现了祖母生气的情形和俭朴的品格。

第四单元　以事寓理

《伤仲永》

1. 下列句子的翻译有误的是哪一项？_____

A. 其诗以养父母、收族为意：这首诗的主要意思是赡养父母、团结同一宗族的人。

B. 自是指物作诗立就：从此，（人们）指定物品让（仲永）作诗，他就能立即完成。

C. 或以钱币乞之：或者用钱来求仲永题诗。

D. 日扳仲永环谒于邑人：（仲永的父亲）每天拉着仲永四处拜访同邑的人。

2. 判断：文章借方仲永的惨痛教训，阐明天资与后天学习的关系，从而告诫人们一定要重视并加强后天的学习。_____

《痀偻者承蜩》

1. 庄子，姓庄，名周，_____时期人。著名思想家、哲学家、文学家，是_____学派的代表人物。

A. 春秋

B. 战国

C. 道家

D. 儒家

2. 下列对文意的理解，不正确的是哪一项？ ______

A. 孔子到楚国经过树林，向一位驼背老人请教粘捕蝉的方法。

B. 驼背老人讲，学粘捕蝉，要长时间地举着竿子，竿头上堆叠着圆丸，练习到圆丸不掉的程度。

C. 驼背老人讲就是练得身僵臂痛，也不拿万物换取自己粘捕蝉的工作。

D. 孔子听了驼背老人的话，教导弟子做事要像驼背老人那样用心专一。

《甘戊与船夫》

1. 下列字词的解释，不正确的是哪一项？ ______

A. 甘戊使于齐（使：出使。）

B. 曾不如小狸（狸：山猫。此指猫。）

C. 不如斤斧（斤斧：一斤重的斧头。）

D. 说千乘之君（说：劝说，游说。）

2. 下列对本文内容的理解，正确的是哪一项？ ______

A. 船夫对甘戊出使齐国的能力很佩服，但对甘戊连一条河都过不去很瞧不起。

B. 甘戊指出任何事物都有其长处与短处，应扬长避短，才能充分发挥其作用。

C. 甘戊从不同的角度论述了万事万物的长处与短处在一定条件下会互相转化。

D. 甘戊认为自己的才能是善于游说君王，而船夫擅长在河里游来游去。

《卖蒜叟》

1. 下面对杨二的形象分析，有误的是哪一项？ ______

A. 精通武术。

B. 骄傲自满。

C. 不可一世。

D. 深藏不露。

2. 下列哪一项论述不是《卖蒜叟》暗含的道理？ ______

A. 不要因为有一点成绩或有人夸奖，就以为自己举世无双。

B. 要时刻虚心求教，不要骄傲，不要目中无人。

C. 人外有人，天外有天，取人之长，补己之短。

D. 不可骄傲自大，要记住只有团结一心，才能战胜敌人。

《鸲鹆噪虎》

1. 下列字词的解释，不正确的是哪一项？ ______

A. 有虎出于朴蔌（朴蔌：草木丛生之处。）

B. 鹊集而噪之（噪：许多鸟或虫子

乱叫。）

C. 吾畏其颠吾巢（颠：山顶。）

D. 故忌虎（忌：忌惮。）

2. 判断：《鸲鹆噪虎》告诉我们做人做事要有目的与主见，不要盲目跟从别人的道理。_____

《北人食菱》

1. 判断：《北人食菱》告诫人们不要不懂装懂，否则会贻笑大方。_____

2. 下列语句与本文寓意最接近的是哪一项？_____

A. 自尊心是进步之母，自贱心是堕落之源。

B. 好事不出门，恶事传千里。

C. 知之为知之，不知为不知，是知也。

D. 机关算尽太聪明，反误了卿卿性命。

整本书阅读

《骆驼祥子》

1.《骆驼祥子》中祥子的最大梦想是什么？_____

A. 结婚。

B. 拉洋车。

C. 养骆驼。

D. 有一辆自己的洋车。

2.《骆驼祥子》讲述的是中国北平城里的一个人力车夫祥子_____的人生经历。

A. 一起一落

B. 两起两落

C. 三起三落

D. 四起四落

附参考答案:

家国情怀3

第一单元/童年印象

《老哥哥》

1.B　解析：烘托气氛，奠定基调，是开头描写“秋风”的作用。 2.C　解析：老哥哥被赶出家门，作者对老哥哥是担忧和同情的，并不是对老哥哥软弱的无奈。

《五叔春荆》

1.DBAC　2.C　解析：描写墓地环境，和社会环境、世态风情没有关系，它主要是渲染悲凉的气氛，表达对五叔的怀念。

《我的童年》　1.D　2. C

《系在风筝线上的童年》

1.BDCA　2.C　解析：文章中表现出来的是童年的快乐，并非单调乏味。

《玩具》

1.D　2.C　解析：这是文中反复出现的关键语句，需要结合全文内容及作者的思想感情来分析判断。文中说“老屋成了我的一部分”，因为“我”喜欢的玩具小汽车是在那里买的，是妈妈给买的，“我”多次去找老屋，但小屋已不是记忆中的模样，除了对童年回忆的怀念，还表达了物是人非的伤感。所以A、B、D三项是作者的应有之义。

《滋味》

1.C　2.B　解析：作者主要想表现“我”在睡眼迷蒙的状态下，想吃又实在睁不开眼睛的吃相，而非想表现“我”的贪婪。

第二单元/人生微澜

《信客》

1.B　2.C　解析：文章没有提及C项内容。

《看自行车的女人》

1.A　解析：该句主要运用了动作描写。2.C　解析：面对胖女人抢包的行为，她并非懦弱无为，而是她怕在去追赶胖女人时，会给其他存车人造成财物损失，这充分说明她对工作的认真负责。

《小偷、车夫和老头》

1.D　解析：作者说“已经是祖父的年纪了”是表达对两位老人的羞恨和心疼，并不是想到了自己的祖父　2.C　解析：从全文看，车夫更加贪得无厌，更别说对主顾的忠诚了。他那样说只是为了讨好主顾好多得些好处。

《那一排钻天杨》

1. 错误。 解析：文章的写作顺序应为顺叙。 2.A 解析："每次我去打香油，她都会满满打上来，动作麻利"运用细节描写，说明小冯对"我"另眼看待，表现了小冯对知识分子的尊重，为下文"我"与小冯的交集埋下伏笔。

《悠长的铃声》

1. 正确。 2.B 解析：通过细腻的神态和外貌描写，表现了孙师傅想对"我"说明真相又怕伤害"我"的自尊心而欲言又止的窘迫之态。

《独腿人生》

1.D 2.D 解析：A 项，两个外国人是想看看车夫半路出丑的样子；B 项，主要体现了朋友对车夫的偏见；C 项，"我"尊重、敬佩车夫，并不愿意因为自己而让他食言，尊重他做人的基本原则。

《哈提雅的第 28 个馅饼》

1.B 2.A 解析：文中没有相关语句能够表现出哈提雅的调皮。

第三单元／岁月艰辛

《远行》

1.B 解析：这并非母亲偏心，是母亲没有准备像样的饭菜的一种补偿心理，通过眼神暗示弟弟妹妹们让哥哥多吃鸡肉。 2.D

《草帽是父亲的徽饰》

1.DBCA 2.C 解析：用"感天动地"来形容父亲的善行太过夸张了，父亲的善行也并未惠及四面八方。

《木匠老陈》

1.D 2.C 解析：这句话不矛盾。一个人从楼上跌下来的概率很小，所以说"是偶然"；但老陈因为贫穷，年纪大了还要爬楼做工，这为他从楼上跌落埋下了隐患，所以说"不是偶然"。

《父亲的树》 1.B 2.C

《母亲》 1.B 解析：从听觉角度描写母亲的笑，而非视觉。 2.B

《怀念祖母》

1.DAC 2. B 解析：是对"我"浪费火柴的惋惜。

第四单元／以事寓理

《伤仲永》

1.C 解析：有的人还花钱请方仲永作诗。 2. 正确。

《痀偻者承蜩》

1.BC 2.C 解析：不是"也不拿万物换取自己粘捕蝉的工作"，而是万事万物对他都没有影响，说明专心的重要性。

《甘戊与船夫》

1.C 解析："斤斧"就是斧头。斤指斧

子一类的工具，并非指重量。 2.B 解析：本文的中心主旨就是说要扬长避短。

《卖蒜叟》 1.D 2.D

《鸲鹆噪虎》 1.C 解析：“颠”是颠覆的意思。 2. 正确。

《北人食菱》 1. 正确。 2.C

整本书阅读

《骆驼祥子》1.D 2.C

家国情怀 4

第一单元　立德修身

《怀念圣陶先生》

1. 文章写圣陶先生看稿子时的情景，表现了他什么性格特点？______

A. 吹毛求疵。

B. 认真严谨。

C. 宽容大度。

D. 善解人意。

2. 下列对文章内容的理解错误的是哪一项？______

A. 圣陶先生经常看望王伯祥先生，表现了他关心他人，对待朋友热情真诚。

B. 圣陶先生和吕叔湘先生一同避暑和视察的情形，表现了他喜欢自由，不喜欢应酬，淡泊名利的特点。

C. 圣陶先生为“我”女儿的文章题诗，表现了他待人真诚热情，充满文人情怀。

D. 文章结尾一副挽联写出了圣陶先生的作品非常多，表达了“我”的勇于自省和对圣陶先生去世的惋惜之情。

《赵树理同志二三事》

1. 下列对赵树理同志性格的分析，错误的是哪一项？______

A. 他的幽默是农民式的幽默。

B. 他很聪明、精细而含蓄。

C. 他对待别人温和而有善意。

D. 他很幽默，但是在他作品里不见幽默。

2. 下列事件不能体现赵树理同志做事非常“认真”的是哪一项？______

A. 赵树理同志担任《说说唱唱》的副主编，他每期都亲自看稿、改稿。

B. 他对文字有“洁癖”，要求文中所有“你”字一律不得改为“妳”字，否则要负法律责任。

C. 有时实在没有较好的稿子，赵树理同志就亲自写稿，他的《登记》就是在这种等米下锅的情况下写作而成的。

D. 他写稿一般都用红格直行的稿纸，钢笔。字体略长，如其人，看得出是欧字、柳字的底子。

《朱自清》

1. 对朱自清先生的诗文风格评价正确的是哪一项？______

A. 多引用名言，也多引起读者思考。

B. 多寓有沉思，也多值得读者沉思。

C. 多叙述故事，也多引起读者深思。

D. 多环境描写，也多引起读者共鸣。

2. 对朱自清先生的介绍或评价，错误的

是哪一项？______

A. 朱先生学问好，古今中外，几乎样样通。而且缜密，所写都是自己确信的，深刻而稳妥。

B. 朱自清先生文笔非常好，清丽，绵密，粗中有细，语句铿锵有力。

C. 朱自清先生，人如其名，一生自我检束，确是能够始终维持一个“清”字。

D. 朱自清先生字佩弦，意思是本性偏于缓，应该用人力的“急”补救，以求中和。但他多情而宽厚，清秀而细致，总是真挚而富于情思。

《永远的巴金》

1. 下列对标题“永远的巴金”含义的理解，正确的是哪一项？______

A. “永远”一词隐含巴金作品比较著名，同时表达了作者对巴金的敬佩之情。

B.“永远”一词隐含巴金有执着的毅力，同时表达了作者对巴金去世的惋惜之情。

C. “永远”一词隐含巴金已经去世之意，同时表达了作者以巴金为榜样的决心。

D. “永远”一词隐含巴金已经去世之意，同时表达了作者对巴金的怀念之情。

2. 对“想一想他，我们刚刚有一点懈怠轻狂，迅速变成了汗流浃背”一句的赏析，错误的是哪一项？______

A. 这句话饱含着作者对巴金的崇敬之情，同时也表达了作者对自己的鞭策。

B. 作为后来人，我们取得了一些成绩时会懈怠轻狂，但与巴金先生的人格和成就对比，就会为自己的轻狂表现感到惭愧。

C. 面对着巴金对文学和社会的真挚态度，我们还需要不断努力，善于反思自己。用真诚质朴的语言表达对祖国、人民的爱。

D. 侧面写出了我们作为后来人取得了一些成绩时会懈怠轻狂，是因为通过自己的努力取得了可以与巴金先生相比的成绩，青出于蓝而胜于蓝。

《那片绿绿的爬山虎》

1. 文章依次写了几件事，向我们展现了叶圣陶先生的师者风范？_____

A. 叶先生邀请“我”去他家做客。

B. “我”看叶老修改的“我”的作文。

C. “我”的一篇作文获奖。

D. “我”给叶老送去“我”的新书。

2. “在我的眼中，我依然顽固地觉得，那一片爬山虎永远那么绿着。”对这句话的含义，理解正确的是哪一项？

______

A. 叶圣陶先生高尚的品格影响着“我”，并且激励着“我”不断前进。

B.叶圣陶先生对生活充满热情和希望。

C.叶圣陶先生喜欢那种绿意盎然的环境，会有创作灵感。

D.叶圣陶先生一直指导“我”写作，永远充满热情和真诚。

《金岳霖的魏晋风度》

1.本文记叙了金岳霖很多事，以下概括有误的是哪一项？______

A.好玩笑、好搜罗大个头水果。

B.少年时，赶上辛亥革命，他兴冲冲地剪掉辫子。

C.养鸭、爱听蛐蛐叫。

D.点名独出心裁、当众表演捉跳蚤等。

2.以下对文章内容的理解有误的是哪一项？______

A.金岳霖先生专注于学问，成就了很高的学术水平。

B.金岳霖先生天真率性，不隐藏一丝本心，视名利如浮云。

C.金岳霖是单身汉，拿着一级教授的高工资，他乐得资助学生和朋友。

D.金岳霖讲课，不带讲义，只带粉笔，一黑板的字，他的课学生爱认真记录。

《不知为不知》

1.文中“爸”对于一些他自己不懂的东西，持有什么态度？______

A.倔强，不承认自己不懂。

B.爱面子，不向人求教。

C.坦然承认，谦虚求教，不耻下问。

D.只向有学问的人请教。

2.“爸”曾经在一篇文章里谈到一个人知识的积累就像冰山一样，这告诉我们什么道理？______

A.年轻人应该知道学习的苦，能吃苦才能成功。

B.年轻人应该克服懒惰心理，要勤奋。

C.年轻人应该多向别人请教，要勤学好问。

D.年轻人应该踏踏实实地学东西，不要急于求成。

第二单元　崇尚美德

《马兰花》

1.本文贯穿全文的明线是______，暗线是______。

A.马兰花一家为借款给麻婶而引发的矛盾冲突

B.马兰花为催促还款而自责

C.麻婶去世，马兰花很悲伤

D.麻婶母女的还款过程

2.下面对本文的内容理解，分析错误的是哪一项？______

A. 文章开头以麻婶出事开篇，设置了悬念，吸引读者兴趣。

B. 马兰花尽管挣钱不易，但不为钱伤害情谊；丈夫言行过分，她会据理力争。表现了她做人做事有原则，不为钱伤义。

C. 马兰花的丈夫即使家庭富裕也不愿借钱给别人，他不明人情事理、斤斤计较，马兰花对他非常气愤与不满。

D. 马兰花读着信，读出满眼的泪水，这泪是对麻婶去世的惋惜，对麻婶女儿知恩图报的感激，以及对丈夫终于不再唠叨埋怨的释然。

《一朵一朵的阳光》

1. 下面对“娘”的形象分析有误的是哪一项？ ______

A. 勤劳：从早到晚忙农活，忙家务，一点空闲都没有。

B. 守法：不原谅丈夫的错误行为，独自撑起家庭，不希望丈夫回来。

C. 乐观：坚信负罪逃跑的丈夫会回来自首。

D. 坚强：丈夫负罪逃跑，面对压力，她没有倒下，独自抚养儿子，撑起家庭。

2. “娘还说，爬上灶台的这朵阳光，某一天，也会照着你爹的脸呢。”对这句话的理解，正确的是哪一项？ ______

A. 这句话表达了一种向往，妻子希望丈夫能过上幸福的生活，在外面逃难不受寒冷。

B. 这句话表达了一种思念，也传递了一种信念，妻子相信丈夫终有一天会幡然醒悟。

C. 这句话表达了一种祈祷，妻子希望丈夫能早日回来照顾自己和孩子。

D. 这句话表达了一个心愿，妻子希望丈夫能早日回到村子，自己和孩子不用受人欺辱。

《书桌》

1. 老木匠制作书桌的过程依次是______、______、______、______。

A. 解开木料等待干透

B. 选好木料确定式样

C. 制作成型打磨光滑

D. 等待潮湿天气上漆

2. 下面对文章内容的分析，正确的是哪一项？ ______

A. 第 3 段重复使用“过了”，意在强调老木匠工作效率低。

B. 第 4 段写出老木匠喜欢教导别人，倚老卖老，显摆自己手艺好。

C. 第 4 段写出老木匠好面子，爱挑剔，不讲诚信。

D. 第 9 段写出老木匠安放书桌时的小心谨慎及对自己作品的珍视。

《行路易》

1. 文章第 3 段主要写了什么内容？

______

A. 乘客和“我”闲谈，售票员给“我”提行李。

B. 乘客给“我”让座，女青年乘客还“我”遗落的折叠扇。

C. “我”给乘客让座，售票员还“我”遗落的折叠扇。

D. 乘客给“我”让座，售票员给“我”万金油。

2. 下列对文章内容的分析，有误的是哪一项？ ______

A. 文章开头引用“行路难”这句老话扣题，设置悬念，吸引读者兴趣。

B. 本文讴歌了当今社会互相帮助，亲如一家的社会新风尚。

C.“我”在百货商店买了一大包洋装书、四瓶酒和露，后来售货员帮“我”提东西，“我”很感激。

D. “我”坐在三轮车里的时候，抚今思昔，觉得这真是“行路易”的时代了，然后插叙了三十多年前的一件小事，发出感慨。

《百合花》

1. 题目“百合花”有什么含义？下列分析错误的是哪一项？ ______

A. 指文中小通讯员家乡田野里绽放的百合花。

B. 指文中新媳妇的嫁妆（新被子）上的图案。

C. 象征着革命时期人民具有斗争精神的人性美。

D. 象征着新媳妇和小通讯员纯真、高洁的品格。

2. 下列对这篇文章中的人物分析，不正确的是哪一项？ ______

A. 小通讯员是一个刚参军三年、只有十九岁的农村青年，稚气未脱，不守纪律，对战场有些惧怕。

B. 小通讯员质朴、憨厚、不善言辞，有时执拗得有点任性，有时活泼得可亲可近。

C. 小通讯员热爱生活，关心同志，他毫不迟疑地扑在手榴弹上救了其他人，他舍己为人，勇敢无畏。

D. 过门刚三天的农村媳妇长得好看，很善良纯朴开朗，也有着新嫁娘的矜持羞涩。

《醉人的春夜》

1. 下列对文中的人物形象分析，有误的是哪一项？ ______

A. 小伙子善良、机智。

B. 小伙子幽默、乐于助人。

C. 妹妹直爽、坦诚、快人快语。

D. 陈静活泼开朗，善于与人沟通。

2. 当陈静向小伙子求助时，小伙子依次做了几件事？ ______

A. 顷刻又骑车返回，他了解了一下自行车的情况，又说没工具不好修。

B. 小伙子骑着车从姑娘身边“一掠而过”。

C. 小伙子扔下话题“跨”上车子飞快地骑车跑了。

D. 一位姑娘引她到修车铺，发现修车的就是小伙子，很快帮她修好了车。

《天器》

1. 小说是以哪一个字谋篇布局、描写人物、突出主题的？ ______

A. 水。

B. 瓜。

C. 渴。

D. 风。

2. 试验队被困人员与送瓜人之间的故事，告诉我们什么道理？ ______

A. 人与人之间要相互帮助，帮助别人也是帮助自己。

B. 适者生存，劣者淘汰。

C. 君子报仇，十年不晚。

D. 忍一时风平浪静，退一步海阔天空。

第三单元　人生意义

《为学与做人》

1. 作者认为“仁者不忧”的原因是 ______ 和 ______。

A. 儒家“仁”的人生观认为宇宙和人生永远不会圆满，因此不做事才算失败，肯做事便不会失败，由此我们就不会忧成败。

B. 儒家“仁”的人生观认为宇宙和人生永远会圆满，因此做事才算成功，不做事便不会失败，由此我们就不会忧成败。

C. 儒家“仁”的人生观认为无一物为我们拥有，既无所得，当然无所失，因此我们便不会忧得失。

D. 儒家“仁”的人生观认为世间事物为我们拥有，既已经所得，当然无所失，因此我们便不会忧得失。

2. 作者认为“成一个人”有什么标准？以下总结正确的是哪一项？ ______

A. 智、善、美三者兼备，能做到智者不傲，仁者不悲，勇者不畏。

B. 智、仁、勇三者兼备，能做到知者不惑，仁者不忧，勇者不惧。

C. 真、善、美三者兼备，能做到知者不惑，仁者不忧，勇者不惧。

D. 智、仁、勇三者兼备，能做到智者不傲，仁者不悲，勇者不畏。

《人生的意义与价值》

1. 鲁迅先生对有责任感的有识之士的称呼，正确的是哪一项？ ______

A. 中国的骄傲。

B. 中国的脊梁。

C. 中国的英雄。

D. 中国的儿女。

2. 以下对这篇文章内容的理解，不正确的是哪一项？ ______

A. 作者还是一个青年大学生的时候，对于报刊上讨论人生的意义与价值的内容看过一些，但没有参加进去。

B. 第 7 段所要论证的道理是人类总会越变越好的，我们要顺其自然，逐步适应社会的发展。

C. 从整体看，第 9 段主要采用的论证方法是对比论证，突出了绝大多数的人见识短浅，缺少对人类发展承上启下、承前启后的责任感。

D. 范仲淹勉励滕子京“先天下之忧而忧，后天下之乐而乐”符合本文所说的“责任感”。

《享福与吃苦》

1. 以下对第 4 段列举的事例，概括有误的是哪一项？ ______

A. 圣贤孟子周游天下，宁受天下人揶揄也始终有救世之心。

B. 晋朝名臣陶侃每天要搬砖头。

C. 英国名相格兰斯顿，每日午饭后要劈一个钟头的柴。

D. 古今中外的圣贤豪杰，都是从吃苦中磨炼出来的。

2. 以下对文章内容的理解有误的是哪一项？ ______

A. 作者认为最可敬的人是世上最大多数的平民，他们做事，他们的生命，完全靠吃苦来撑持的，具有吃苦精神。

B. 第 6 段主要运用了举例论证，具体有力地论证了吃苦是磨炼意志的最好机会，提倡要有吃苦精神。

C. 第 4 段运用举例论证，充分有力地论证了古今中外的圣贤豪杰都是从吃苦中磨炼自己，进一步论证了“吃得苦中苦，做得人中人”的观点。

D. 东晋书法家王羲之临池学书，他勤学苦练，后来成为大书法家，可以作为论据证明本文论点。

《人生的意义在于承担》

1. 作者认为人生的意义在于什么？ ______

A. 实现自己的理想。

B. 承担应尽的责任。

C. 有一份好的工作。

D. 有乐于助人的品质。

2. 文章最后一段“这样的人，尽管平凡渺小，但值得钦佩”一句中，“这样的人”指哪些人？ ______

A. 敢于反抗的人。

B. 勇于自省的人。

C. 拥有权力的人。

D. 勇于担当的人。

《对自己的人生负责》

1. 文章中有一位小姐想知道为了尽到对

人类的责任，她应该做些什么，曾向哪一位名人请教？______

A. 爱因斯坦。

B. 托尔斯泰。

C. 歌德。

D. 凡尔纳。

2. 作者为了证明“许多人对责任的关心确实是完全被动的”，他们的做法“是出于习惯、时尚、舆论等原因”所列举的事例，有误的是哪一项？______

A. 有的人把偶然却又长期从事的某一职业当作自己的责任。

B. 有的人从不尝试去拥有真正适合自己本性的事业。

C. 有的人看见别人发财和挥霍，便觉得自己也有责任拼命花钱。

D. 有的人十分看重别人尤其上司对自己的评价，谨小慎微地为这种评价而活着。

《生逢其时　重任在肩》

1. 抓住时代的机遇，就要求年轻人把自己的理想同 ______ 紧密联系在一起，在最需要自己的地方 ______。

A. 家人的前途、同民族的愿望

B. 祖国的前途、同民族的命运

C. 披荆斩棘、乘风破浪

D. 甘于平凡，默默奉献

2. 判断：我国正处于实现中华民族伟大复兴的关键时期，青年身处和平年代，接过老一辈的奋斗成果，自豪地走在一帆风顺的强国之路上，实现了中国梦。______

第四单元　托物言志

《座右铭》

1. “____________，唯仁为纪纲。”填在横线上的是哪一句？

A. 隐心而后动

B. 悠悠故难量

C. 慎言节饮食

D. 世誉不足慕

2. “施人慎勿念，受施慎勿忘”告诉我们的道理，理解正确的是哪一项？______

A. 我们要积极乐观，懂得体谅别人。

B. 我们要乐于助人，懂得感恩。

C. 我们要勤学苦读，懂得上进。

D. 我们要乐观向上，懂得知足。

《寒松赋》

1. 下面词语的理解，有误的是哪一项？______

A. 流俗不顾，匠人未识（流俗：世俗。）

B. 徒观其贞枝（贞枝：正枝，主干。）

C. 然后知落落高劲，亭亭孤绝（落落：

高超不凡的样子。）

D. 谅可用而不用（谅：原谅。）

2. 诗人赞美松树的原因，下列分析不准确的是哪一项？______

A. 松树默默地生长在偏僻的山崖旁边，世俗之人不屑一顾，匠人未予赏识，松树不气馁，依然高耸挺立。

B. 秋风萧瑟，白露降临，寒冷中其他树木已枯萎，只有寒松苍翠欲滴，巍然挺立，有君子气概和隐士的雅趣。

C. 松树坚韧不拔，万物不能与之相比。松树不学迎春开花的杏树，也不学逢秋落叶的枫树。岁月不能改变它的天性。

D. 作者喜欢松树即使身处逆境，也不放弃，依然坚强不屈，在逆境中砥砺前行。

《橘颂》

1. 哪一句诗表达了诗人愿与橘树长相为友，将傲霜斗雪的橘树形象与遭谗被废、不改操守的自己融在了一起？

______

A. 精色内白，类可任兮。

B. 愿岁并谢，与长友兮。

C. 苏世独立，横而不流兮。

D. 年岁虽少，可师长兮。

2. 下列对本首诗的赏析，表述不准确的是哪一项？______

A. 这首诗表面上歌颂橘树，实际是诗人对自己理想和人格的表白。

B. 这首诗分两部分，前半部分重在描述橘树俊逸动人的外在美，后半部分转入对橘树内在精神的热情赞美。

C. 这首诗用比喻的手法塑造了橘树的美好形象，从正面描绘和赞颂橘树。

D. 这首诗运用托物言志的写法，借赞美橘树来表达自己追求美好品质和理想的坚定意志。

《梅花赋（节选）》

1. 这首赋中作者将梅花与其他花进行对比，以下说法有误的是哪一项？

______

A. 植在花圃中的兰花，从行宫里采集来的蕙草。

B. 聚集于池塘中的出水芙蓉。

C. 男女互赠作为爱情信物的玫瑰。

D. 淮南小山玩赏喜爱的桂树，从香草遍地的沙滩摘来的杜若。

2. 最后一段作者的伯父看完这篇文章之后叮嘱他不仅要 _____，还要 ____。

A. 描摹梅花的形态

B. 创作梅花的歌曲

C. 秉持梅花超凡脱俗的品性

D. 秉持梅花坚贞不移的品性

《养竹记》

1. “竹性直，直以立身”一句写出了竹子具有什么美德？______

A. 坚定不移，不怯懦。

B. 正直无私，不趋炎附势。

C. 体悟仁德，非常善良。

D. 立志高远，遇事镇定。

2. 本文表达了作者丰富的情感，以下分析有误的是哪一项？______

A. 文章以竹喻贤人，表达了作者仰慕贤者的高贵品质。

B. 表达了作者坚定不移、无私正直、虚心体道、砥砺名行的志向。

C. 表达了作者渴望成为当权者，然后善于发现人才，爱惜人才，使人才能有施展才华的机会。

D. 表达了作者对当时不注重培养人才，不知道爱惜人才的现实状况感到忧虑的心情。

《修竹赋》

1. 以下哪一句与“耳目因它而清爽，神情因它而喜悦”的意思是相符的？______

A. 来清飙于远岑，娱佳人于空谷。

B. 耳目为之开涤，神情以之怡悦。

C. 扫石上之阴，听林间之折。

D. 意参太古，声沉寥泬。

2. 判断：《修竹赋》以蒲柳桃李为正衬，碧梧青松作反衬，讴歌了修竹的气质节操。______

《秋兰赋》

1. “秋林空兮百草逝，若有香兮林中至。”该句主要是从哪两种感官角度来写秋兰的？______

A. 视觉、触觉。

B. 听觉、触觉。

C. 听觉、嗅觉。

D. 视觉、嗅觉。

2. 下列对这首赋的赏析，表述不准确的是哪一项？______

A. 作者笔下的兰花以华美艳丽吸引人，绽放在繁华都市，芳香四溢。

B. 本文表达了作者不同流俗、清高自持的处世思想。

C. 本文正面讴歌了兰花的“晚景后凋，含章贞吉”的品质。

D. 作者描写了兰花幽香怡人的高尚品质及清幽高洁、凌寒独秀的品性风貌。

整本书阅读

《海底两万里》

1.《海底两万里》的作者是______国的小说家______。

A. 法

B. 英

C. 儒勒 · 凡尔纳

D. 普希金

2. 以下对《海底两万里》内容的介绍和理解，正确的是哪一项？______

A.《海底两万里》是作者的代表作“海洋三部曲”之一，另两部是《格兰特船长的儿女》《气球上的五星期》。

B.《海底两万里》主要讲述尼摩艇长邀请阿罗纳克斯驾驶自己设计制造的“鹦鹉螺号”潜水艇在大海中自由航行的故事。

C.《海底两万里》是写实小说，描绘了神秘的海底世界，写出了潜水艇艇身坚固、结构巧妙等强大的功能。

D. 航行途中经历了搁浅、土著围攻、同鲨鱼搏斗、冰山封路、鳄鱼袭击等许多考验。

附参考答案:

家国情怀 4

第一单元/立德修身

《怀念圣陶先生》

1. B　2. D　解析：文章结尾一副挽联寄寓无限深情，写出了圣陶先生是“我”的良师益友，表达了“我”对圣陶先生的赞美和怀念之情。

《赵树理同志二三事》

1. D　2.D　解析：选项 D 写出了赵树理同志的字写得很好。写字的风格是字体略长，看得出是欧字、柳字的底子，是多才多艺的表现。所以选 D。

《朱自清》

1. B　2.B　解析：朱自清先生文笔非常好，清丽，绵密，细而不碎，柔而不弱。所以选 B。

《永远的巴金》

1.D　2. D　解析：虽然时代的发展，会有很多人取得成绩，青出于蓝而胜于蓝。但是本句话表达了作者为自己的懈怠轻狂而自责。所以选 D。

《那片绿绿的爬山虎》

1. CBAD　2. A　解析：叶圣陶先生平易近人、治学严谨，此时爬山虎虽已叶落干净，但是叶圣陶先生的品格一直激励着“我”前进。所以选 A。

《金岳霖的魏晋风度》

1. C　解析：他养过大黑狼山鸡，还养过大斗鸡，文中未提及养鸭。　2. D　解析：金岳霖讲课，不带讲义，只带粉笔，但十有八九黑板上不着一字。他的课学生爱听，大教室座无虚席。

《不知为不知》　1.C　2.D

第二单元/崇尚美德

《马兰花》

1. AD　2.C　解析：马兰花的丈夫不明人情事理、斤斤计较，但是马兰花的家庭并不富裕。所以选 C。

《一朵一朵的阳光》

1.B　2.B　解析：妻子深明大义，思念丈夫，妻子相信丈夫终有一天会幡然醒悟，回来认罪，早日释放，安心做人。所以选 B。

《书桌》

1. BACD　2. D　解析：选项 A 效率低错误，选项 B 倚老卖老错误，选项 C 爱挑剔、不讲诚信错误。所以选 D。

《行路易》

1.B　2.C　解析：“我”在国际书店买

了一大包书，在百货商店买了四瓶酒和露，后来三轮车的驾驶员帮“我”提东西。所以选 C。

《百合花》

1. A　2.A　解析：小通讯员是一个刚参军一年、只有十九岁的农村青年，稚气未脱，但是英勇无畏，为救人牺牲了自己。

《醉人的春夜》　1. D　2.BACD

《天器》

1. C　2.A　解析：试验队员身陷困境还开门救人，蒙古族同胞利索地剖开西瓜给队员们吃，体现了互相帮助的精神。所以选 A。

第三单元／人生意义

《为学与做人》　1. AC　2. B

《人生的意义与价值》

1. B　2. B　解析：第 7 段所要论证的道理是人生的意义与价值在于理解并承担对人类发展所应承担的责任。

《享福与吃苦》

1. A　2. B　解析：第 6 段主要运用了道理论证，引用了孟子的名言。所以选 B。

《人生的意义在于承担》　1. B　2. D

《对自己的人生负责》

1.B　2.C　解析：有的人看见别人发财和挥霍，便觉得自己也有责任拼命挣钱花钱。

《生逢其时　重任在肩》

1. BC　2. 错误。　解析：我国正处于实现中华民族伟大复兴的关键时期，青年身处其中，越是接近目标越不会一帆风顺，越充满风险挑战乃至惊涛骇浪。需要青年有理想、有本领、有担当，今天的青年既是追梦者，也将是圆梦人，实现中华民族伟大复兴取决于一代代人的接续奋斗。

第四单元／托物言志

《座右铭》　1. D　2. B

《寒松赋》

1.D　解析：“谅”意为诚，确实。

2. C　解析：松树坚韧不拔，万物不能与之相比。松树不学迎春开花的桃李，也不学逢秋落叶的梧桐。岁月不能改变它的天性。所以选 C。

《橘颂》

1.B　2.C　解析：这首诗用拟人的手法塑造了橘树的美好形象，从各个侧面描绘和赞颂橘树。

《梅花赋（节选）》

1.C　解析：男女互赠作为爱情信物的芍药。　2.AD　解析：他的伯父叮嘱他：“万木凋零枯败，只有梅花吐英满树；晶莹如冰亭亭玉立，冰封雪冻不改本性；梅花的形态你擅于描摹，还望你秉持梅花坚贞不移的品性。”后来，宋璟为官之后，也的确如那梅花一样，忠厚高洁。

《养竹记》

1.B 2.C 解析：表达了作者渴望当权者能够善于发现人才，爱惜人才，使他们得以施展才华。

《修竹赋》

1.B 2. 错误。 解析：本文以蒲柳桃李为反衬，碧梧青松作正衬，讴歌了修竹的气质节操。

《秋兰赋》

1.D 2. A 解析：作者笔下的兰花不以华美艳丽诱人，而是远居幽深，芳香四溢。所以选 A。

整本书阅读

《海底两万里》

1. AC 2. B 解析：选项 A《气球上的五星期》应是《神秘岛》；选项 C《海底两万里》是科幻小说；选项 D 应是章鱼袭击。所以选 B。

家国情怀 5

第一单元　感悟生命

《好一朵木槿花》

1. 作者对木槿花的感情（态度）变化是：______、______、______、______。

A. 期待

B. 轻视

C. 震撼

D. 惊喜

2. 文章开头写到了玉簪花、美人蕉、紫薇花和木槿花，这样写有什么好处？下面说法正确的是哪一项？______

A. 将这四种花形成对比，以此突出美人蕉和玉簪花的美丽。

B. 将玉簪花与另外三种花作对比，衬托玉簪花的坚强。

C. 将紫薇花与木槿花作对比，衬托木槿花的娇气。

D. 先用玉簪花、美人蕉做铺垫，又用紫薇花反衬出木槿花的生命力旺盛。

《牡丹的拒绝》

1. 全文大量采用第二人称叙述，有什么好处？下面说法不准确的是哪一项？______

A. 采用第二人称，类似对话，拉近了叙述者、文本与读者之间的距离。

B. 便于感情交流，使表述更有感染力。

C. 文章的需要，直接和牡丹对话，拉近与牡丹的距离，读来亲切、自然。

D. 读来亲切、随和。形式新颖，令人印象深刻。

2. 文章说“在没有牡丹的日子里，你探访了窥视了牡丹的个性”。下面对于牡丹“个性”的分析，不恰当的是哪一项？______

A. 它不开则已，一开则倾其所有挥洒净尽。

B. 它美却也吝惜生命，未到自己的花期它拒不开放。

C. 它不苟且不俯就不妥协不媚俗。

D. 它遵循自己的花期自己的规律，它有权利为自己选择每年一度的盛大节日。

《岳桦》

1. 作者坚信岳桦与白桦是迥然不同的，他的主要理由是什么？下面分析不恰当的是哪一项？______

A. 它们的命运不同：白桦生长在山下，养尊处优，而岳桦生长在山上，身处绝境。

B. 它们的形态不同：白桦挺拔明快，而岳桦身躯匍匐。

C. 它们性格不同：白桦风流浪漫，而岳桦倔强壮烈。

D. 它们的追求不同：白桦追求的是明艳高雅；而岳桦却追求随遇而安。

2. 关于“命运伸出了它无形的脚，一部分桦便应声跌倒。一个跟头跌下去，就掉入了时间的陷阱，再爬起来，一切都不似从前”这段文字含义的分析，不恰当的是哪一项？ ____

A. 不幸的命运常常在毫无准备中降临。

B. 桦的生命轨迹与生存环境因灾难而发生了根本改变。

C. 它们将面临新的抉择。

D. 绝地中的桦为了生存而迸发出巨大的生命能量。

《雪野里的精灵》

1. 下列对文章的理解和分析，不正确的是哪一项？ ____

A. 银杏树以其在时空中的伟大，谱写了巍峨峥嵘的生命进行曲，在它面前，“我”感到自己的渺小与卑微。

B. “它们也会顽强地举起美的萌芽”，其中的“美”，不仅指小花的外观，也指它们的精神。

C. 本文以古人的话开篇，然后用生活中的三个场景，从三个角度说明生命的力量，最后收束全文，含意深远。

D. 结尾一段的意思是，我们应像天地公平地对待万物一样，善待那些弱小生命。

2. 文章把小花称作“雪野里的精灵”，意在表现小花的哪些特点？下面分析不恰当的是哪一项？ ____

A. 美丽、充满活力。

B. 纤弱、稚嫩。

C. 顽强、不怕困难。

D. 热情、奔放。

《落叶的生命》

1. 文章结尾处“如今，落叶生命的另一种呈现”是指什么？ ____

A. “我”与孙子用落叶做的手工。

B. 落叶腐烂化为泥土中的腐殖质。

C. 落叶从树上飘落时的优美姿态。

D. 落叶堆积构成的风景。

2. 落叶区别于树上叶子的重要之处在于什么？下面说法不正确的是哪一项？

____

A. 树上的叶子色彩一致，落叶的色彩不尽相同。

B. 树上的叶子连成一片，落叶散落在地上。

C. 落叶顷刻成泥，树上的叶子夺目耀眼。

D. 落叶彰显个性，树上的叶子融入叶群。

《石崖上的枣树》

1. 文章依次讲述了枣树的哪几件事？

____

A. 读懂枣树，不再悻悻。

B. 路过的人，望枣兴叹。

C. “我”摘枣无果悻悻离开。

D. 年轻后生扔石打枣。

2. 通读全文，石崖上的枣树给了你哪些启示？下面说法不恰当的是哪一项？______

A. 从枣树的角度，处逆境而不畏难，顽强乐观，追求人生的最美境界。

B. 从人的角度，面对美好的事物，要学会欣赏，而不是占有。

C. 面对人生道路上的诱惑，要保持良好的心态。

D. 对于美好的东西，要不怕困难，勇于去追求。

《牛蒡花》

1. 下列对文章的理解，不恰当的是哪一项？______

A. “我”不但喜欢牛蒡花，而且惊讶于它的坚韧和决不屈服的精神，这与“我”忽然想要折下这支牛蒡花把它放在花束当中，并不矛盾。

B. 由于牛蒡花的花已不那么鲜艳，再加上它不同于百花的特点，使它与其他娇嫩的花朵共处时显得很不协调，因此被“我”扔掉了，“我”很为这被糟蹋掉的花惋惜。

C. 割草人尽量避免割牛蒡花，主要是怕它的刺。

D. 由牛蒡花想到高加索的故事，是因为“我”徒然把它的花折来并且扔掉，心中很是懊恼，就把看到的、听到的和想到的如实写了出来。

2. 文章第5段写被车轧过的牛蒡花，表现了牛蒡花的什么品质？______

A. 粗犷不驯。

B. 其貌不扬。

C. 容易折断。

D. 生命力强。

《一片树叶》

1. 文中“人类着了魔一般的贸然的行为”指的是什么？______

A. 指破坏自然和人类、人和人之间平衡的行为。

B. 指人类谦虚地看待自然和风景。

C. 指出门旅行，同大自然直接接触的行为。

D. 指深入异乡，领略异乡人的生活情趣。

2. 作者从一片树叶中获得了哪些感悟？下面说法不正确的是哪一项？______

A. 即使是一片小小的树叶，也有它生命的价值。

B. 生命是一个生生不息的过程。

C. 应对个体生命的自然消亡持安宁的态度。

D. 树叶以自己的零落换来了整个大树的盎然生机，因此无论是物还是人都应有奉献精神。

《丁香结》

1. “小小的花苞圆圆的，鼓鼓的，恰如衣襟上的盘花扣。”下面对这句话的赏析正确的是哪一项？ ______

A. 运用拟人的修辞手法，生动形象地写出丁香花苞的摇曳多姿。

B. 运用比喻的修辞手法，生动形象地写出丁香花苞的摇曳多姿。

C. 运用拟人的修辞手法，生动形象地写出丁香花苞的娇小可爱。

D. 运用比喻的修辞手法，生动形象地写出丁香花苞的娇小可爱。

2. 下列对这篇散文的赏析不正确的是哪一项？ ______

A. 作者经历过的春光，几乎都是和斗室外的三棵白丁香联系在一起的，所以作者花大量笔墨写这三棵白丁香。

B. 作者在文中以细腻的笔调，描写出了一个色彩绚丽的丁香花的形象。

C. 作者实写丁香花的形象，虚写寄托于丁香花的理念、志趣，创造出了一个深远的意境。

D. 作者在文中一反古人寄托在丁香结上的情感，以开阔的胸襟为今天的读者开拓了一个“丁香结”全新的艺术境界。

《燕园树寻》

1. 文中写了很多种树，请说说最普通却又极具特色的树是哪一种树？ ______

A. 院中的古松。

B. 未名湖畔的杨柳。

C. 院中的大栾树。

D. 俄文楼前的元宝枫。

2. 结尾“而树还在这里生长”这句话在全文中起什么作用？下面说法不正确的是哪一项？ ______

A. 结构上总结全文，使感情得以升华。

B. 收束全文，给读者留下思考的空间。

C. 采用议论抒情的表达方式，写树的生长，更有深意。

D. 承接上文，开启下文的过渡作用。

第二单元　草木有情

《老海棠树》

1. 文章多次写奶奶“张望”，奶奶到底在张望什么？ ______

A. 因对爷爷异常思念，所以在张望爷爷。

B. 渴望有一份工作，渴望跟上时代，所以张望。

C. 对生活的迷茫，寻求依托。

D. 盼着爸妈回家，因此张望。

2. 本文为何要以“老海棠树”为标题？下面分析不正确的是哪一项？ ______

A. 老海棠树是行文线索。

B. 用老海棠树衬托或象征奶奶这一形象。

C. 老海棠树与奶奶生死相依。

D. 老海棠树是“我”童年的玩伴，奶奶一直呵护着它。

《和樟树有关的生活》

1. 文章说香樟树“要以它们的方式，向秋天致意”，“它们的方式”具体指什么？下面说法不正确的是哪一项？ ______

A. 到了秋天，就结满了黄豆粒大小的果实。

B. 树冠到了秋天就变成球形，在天空中画出优美的曲线。

C. 到了秋天，所有的树都在落叶，樟树的老叶却纹丝不动，密密匝匝地守护着树干，守护着正在孕育的母体。

D. 秋天，香樟树的果实会发出“噼噼啪啪”的声响，散发出略略的苦味。

2. 文章结尾说“我要郑重感谢香樟树”，下面对“感谢原因”的分析，不恰当的是哪一项？ ______

A.“我”在香樟树的目睹下开始创作，开始做母亲，开始经历人生的风风雨雨。

B.“我”在香樟树的目睹下写了 3 部小说，几十个中短篇，上百篇散文。

C.“我”每天面对它，或者背靠它，采了它很多的元气。

D. 在香樟树的启迪下，“我”变得独立、坚强，即使以后没有香樟树的陪伴，依然也会感到幸福。

《马缨花》

1. 作者为何用了很多笔墨写过去“大院子里”的生活？下面说法不恰当的是哪一项？ ______

A. 为马缨花的出现做反衬。

B. 为对比马缨花十三年前和如今的不同提供背景。

C. 突出作者前后生活以及心情的变化。

D. 那段日子太过于凄苦，与十三年后作者再看到马缨花的日子形成鲜明对比，突出作者对此时马缨花的喜爱。

2. 关于“马缨花”的寓意，下面说法不恰当的是哪一项？ ______

A. 马缨花是作者在新旧时代情感寄托的载体。

B. 作者通过写对马缨花感情的变化，表现出心情的变化。

C. 作者通过写对马缨花感情的变化，表现出生活态度的变化。

D. 马缨花是作者的象征，旧时代的马缨花灰暗无光，新时代的马缨花充满活力。

《越冬的小草》

1. 下面对于护盆草特点的分析，不恰当的是哪一项？ ____

   A. 身处低位，朴实隐忍。

   B. 不惧严寒，顽强坚持。

   C. 默默无闻，尽力奉献。

   D. 绿意盎然，倔强挺立。

2. 文章题目为“越冬的小草”，但主要写的是护盆草，将题目改为“护盆草”是否合适？下面分析不恰当的是哪一项？ ____

   A. 不合适。“小草”普通，而能“越冬”就不普通。其中蕴含对比，反差较大，令人震撼。

   B. 不合适。文章题目为“越冬的小草”，也蕴含着作者的怜惜敬佩之情。

   C. 不合适。“护盆草”过于平常，只是一个普通的称呼而已。

   D. 不合适。文中不只写了护盆草，还写了其他几种越冬小草。

《花开君子兰》

1. 作者写将君子兰放置在办公室落地玻璃的墙角这一情节有何作用？下面分析不恰当的是哪一项？ ____

   A. 引起作者更深层次的对生命的思考。

   B. 与下文“我”换部门后君子兰所处的环境作对比。

   C. 与下文“我”出差回来看到君子兰“花瓣已经僵硬如标本”形成鲜明对比，突出君子兰对阳光、水的渴求。

   D. 为下文写君子兰具有的气节和风骨做铺垫。

2. 作者笔下的君子兰具有怎样的品质？下列说法不符合文意的是哪一项？ ____

   A. 丝毫不受外界影响，自强不息，独自芬芳。

   B. 坚贞不屈，不以人的意志为转移。

   C. 需求甚少，有无阳光均按时开放。

   D. 有着傲然气节和风骨。

《昆仑山上一棵树》

1. 姚万清是如何帮助树苗过冬的？ ____

   A. 给树穿棉衣，捂得严严实实的。

   B. 让树晒太阳，通过太阳温暖树。

   C. 每天给树穿棉衣脱棉衣，来帮助树过冬。

   D. 给树穿棉衣保暖，隔两三天脱棉衣晒太阳，又棉穿衣。

2. 文章第 2 段写“几代青藏线人都说，在这儿栽活一棵树比养活一个金娃娃还要难”。下面对这句话分析有误的是哪一项？ ____

   A. 表现了这一带的环境恶劣，与后文小白杨的挺立形成对比。

   B. 为后文中写“昆仑山上一棵树”做铺垫。

   C. 起承上启下的作用，更丰富了文章内容。

   D. 从侧面衬托这一棵小白杨的坚强，

突出栽树人的坚强。

《水仙花开》

1. 文章开篇两段写“寒冬腊月”，水仙开得“姿态绰约，清香袭人”有何作用？下面分析不恰当的是哪一项？______

A. 表明作者在自己学生的指导下已经完全掌握了养花的要领，表达了对学生的感激之情。

B. 运用景物描写，点明水仙花开的时间和环境。用水仙花的清香美好衬托作者内心的愉悦。

C. 引出下文对与水仙花有关的往事的回忆。

D. 与文末的景物描写相呼应，首尾呼应，结构严谨。

2. 文章标题“水仙花开”包含哪几层含义？下面说法不恰当的是哪一项？______

A. 水仙花开花。

B. “瘦的诗人”实现梦想。

C. 学生在作者的精心培育下都学有所成。

D. 作者认识到自己自以为是地否定学生的错误，准备向学生认错的醒悟。

《院中那棵老槐树》

1. 下面对“槐树落叶很漂亮，秋风吹过，焦黄的树叶稀里哗啦地垂落，如千万只金色蝴蝶在空中飞舞，院子里就像铺上了黄色地毯，踩在上面软绵绵的”一句的赏析，不恰当的是哪一项？______

A. 这句话用比喻的修辞手法，把焦黄的树叶比喻成金色蝴蝶，生动形象地写出了槐叶随风飘舞的轻盈、美丽，表达了“我”对老槐树的喜爱和赞美之情。

B. “稀里哗啦地垂落”写出了落叶数量之多；“软绵绵”写出了落叶的厚与柔软。

C. 这句话用比喻的修辞手法，把焦黄的树叶比喻成地毯，生动形象地写出了满地落叶的柔软和美丽，表达了“我”对老槐树的喜爱和赞美之情。

D. 这句话用拟人的修辞手法，把焦黄的树叶看作金色蝴蝶，赋予槐树以生命，突出槐叶的轻盈与美丽，表达了“我”对老槐树的喜爱和赞美之情。

2. 文中写道：“无论是花草树木，还是动物昆虫，只要奉献了什么，只要与人和平相处，彼此有了感情，就永远不会从记忆中抹除。”老槐树为家人做了哪些贡献？下面说法不恰当的是哪一项？______

A. 为孩子们提供玩耍的环境，是孩子们的乐园。

B. 能为家人遮风挡雨，夏天能为家人带来清凉。

C. 使夜晚的生活变得丰富多彩。

D.采摘下的槐子为家里增加经济收入。

《文竹》

1.下面关于“我”这盆文竹的来历的说法，正确的是哪一项？_____

A. “我”从花卉市场买的。

B. 朋友送给“我”的。

C. “我”从山上挖回来的。

D. 从朋友那儿偷回来的。

2. 日有所思，夜有所梦。“我”夜晚梦见了一个姑娘，这个梦境有何作用？下面分析不恰当的是哪一项？_____

A. 照应前文“我”的猜想，表明“我”对文竹的喜爱与牵挂。

B. 暗示所托付之人并不了解文竹的习性、品性，不能很好地照顾文竹。

C.引出下文“我”的伤感、内疚，为“我”决定“去保护我的责任”做铺垫。

D. 总结全文，给读者留下无限想象的空间，也表达了对文竹的牵挂。

《可贵的山茶花》

1. 作者讲述白族少女的神话故事有何作用？下面说法不恰当的是哪一项？_____

A. 使文章富有文学色彩，引发读者的兴趣。

B. 交代山茶花的来历，突出山茶花的可贵品质。

C.恰到好处地映衬山茶花高贵的品质。

D. 承上启下，从介绍山茶花的自然特性转为歌咏山茶花的独特品质。

2. 文中表现出的山茶花的可贵品质不包括哪一项？_____

A. 不畏严寒的个性。

B. 顽强坚贞的生命力。

C. 美丽热情，随遇而安。

D. 不但可供人们欣赏，而且是人们养生祛病的良友。

第三单元　人生哲思

《普希金诗两首》

1. 这两首诗的作者普希金是哪个国家的诗人？_____

A. 俄国。

B. 中国。

C. 英国。

D. 印度。

2.《冬天的早晨》一诗中，作者写“昨夜”的风雪的目的是什么？下列说法不恰当的是哪一项？_____

A. 与“现在”对照，突出“现在”冬日早晨的美好。

B. 交代美人还在沉睡的原因，突出了景物对于人的心情所起的决定性作用。

C. 是促使作者满心欣喜的一个理由。

D. “昨夜”人物的忧伤与“现在”早晨的美妙构成对比，突出人物情绪的变化。

《弗罗斯特诗两首》

1.《雪夜林边逗留》全诗依次展示了_____、_____、_____、_____四幅画面。

A. 小马摇铃探寻

B. 逗留积雪树林

C. 林中履行诺言

D. 驻足黑暗林边

2. 下面对《春潭》一诗的赏析不恰当的是哪一项？_____

A. 诗人在春天的树林中散步，看到山上雪水融化而形成的一个个水潭映照出蓝色的天空，就对大自然的变化发出了感叹。

B. 作者感叹的是美丽的水潭和水潭边水灵灵的花儿瞬间即逝的美丽生命的短促。

C. 水潭的水被周围的树木吸进枝干，滋润叶芽，于是，树林变成深绿，春天的树林也就演变成夏天浓荫密布的丛林。

D. 诗的最后四句，诗人祈求树木在吸干水潭之前，三思而行，因为那些美丽的水潭是昨天暴雨形成的，不要让它们那么快就消亡吧！

《丁尼生诗两首》

1.《橡树》一诗描写了这棵树在一年的时光中一荣一枯、一绿一黄的生长过程。下面概括不恰当的是哪一项？_____

A. 春天“充满生机”。

B. 夏天“茂盛”。

C. 秋天“枯萎”。

D. 冬天“光秃有力量”。

2. 下面对《越过海滩》的赏析不恰当的是哪一项？_____

A. 第一节中，诗以西沉的夕阳、闪烁的晚星创造了一片安谧的大海上的黄昏景色。既写出了生命力之旺盛、美好，又渲染了诗人“出海”之时的宁静心情。

B. 第二节诗人以涨潮和落潮喻指生命的兴盛和衰落。

C. 第三、四节诗人规劝留在尘世的人们：当他们在“暮色茫茫，晚钟轻轻”的退潮中起航越过海滩时，不要有诀别的悲痛。

D. 在诗中诗人以极为恬静的心境对待死亡的到来。

《华兹华斯诗两首》

1. 第一首诗的开篇以第_____人称叙述，并将自己比作_____。

A. 一

B. 三

C. 一朵孤独的云

D. 金色的水仙

2. 下面对第二首诗内容理解不恰当的是哪一项？_____

A. 第一节着重描述了一位孤独的年轻姑娘边收割边唱着凄凉的歌。

B. 第二节则采用了象征的表现手法，重点突出了收割女歌声的优美动听。

C. 第三节是诗人对收割女所唱歌词内容的大胆猜测。

D. 第四节说明歌声虽已远逝，但音乐声却久久在诗人心头萦绕，令人回味无穷。

《丘特切夫诗两首》

1. 第一首诗的结尾写到“倾听它的歌吧”，这“歌”具体指什么？下面说法正确的是哪一项？_____

A. 泉水的叮咚声。

B. 诗人自己灵魂深处的歌声。

C. 梦想的召唤。

D. 大自然的呓语。

2. 第二首诗作者笔下的“春”有怎样的特点？下面说法不正确的是哪一项？_____

A. 春能抚平人的忧伤、难过、悲哀、沉重，给人以希望。

B. 春不知痛苦与邪恶，她欢乐无忧，无所挂碍。

C. 春不但鲜艳，而且蓬勃、纯净，可以洗涤你的痛苦。

D. 春天美好却也短暂易逝，应学会珍惜。

《帆》

1. 本诗的作者是俄国哪位著名诗人？_____

A. 普希金。

B. 高尔基。

C. 莱蒙托夫。

D. 雪莱。

2. 下面对“帆”的象征意义分析不恰当的是哪一项？_____

A. 是诗人勇于拼搏的精神的象征。

B. 是未来美好生活的象征，作者对未来充满坚定的信念。

C. 是诗人的化身，是诗人那孤独、反叛的灵魂的象征。

D. “帆”对自由的向往也象征着诗人对自由的向往。

《没有人是一座孤岛》

1. 本诗的作者是英国哪位著名诗人？_____

A. 雪莱。

B. 拜伦。

C. 约翰·多恩。

D. 华兹华斯。

2. 下面对这首诗的理解不恰当的是哪一项？_____

A. 没有人能像一座孤岛，每个人都是整体的一部分。

B. 每个人都很重要，缺少任何一个人都会破坏这个整体固有的和谐。

C. 人虽然是独立存在的，但也需要一些外界事物来辅助，孤立的人生是难以自全的。

D. 个人的命运和他人的命运紧紧拴在一起，所有人的命运息息相关，别人的伤痛也是自己的，别人的死亡之声也是变相的自己的末日。

《道理》

1. 下列哪一项内容与“所有小祸终是满福”所阐述的道理不相符？ _____

A. 福祸相依，否极泰来。

B. 人要经过一番苦难才能成才。

C. 不经历风雨怎能见彩虹。

D. 人生最困难者，莫过于选择。

2. 判断：这首诗告诉我们，“存在即合理”，应坦然接受，乐观面对。_____

第四单元　诗中理趣

《感遇三十八首（其十三）》

1. 下面对“青春始萌达，朱火已满盈”一句的解释，正确的是哪一项？ _____

A. 青春才开始萌芽滋长，就已经红红火火，丰盈充满了。

B. 青春初始懵懵懂懂，等到成熟就会收获满满。

C. 春天草木开始萌芽滋长，夏季它们已经丰盈充满。

D. 春天草木才萌芽不久，就已经开得红红火火了。

2. 判断：本诗后四句诗人借物候的荣枯变化，说明人生也是如此新陈代谢，抒发了诗人对生命短暂的无限感慨。_____

《放言五首（其一）》

1. 本诗主要“放言”的内容是什么？ _____

A. 政治上的辨伪——略同于近世所谓识别两面派的问题。

B. 主要讲祸福得失的转化。

C. 若想对人、事得到全面的认识，就要经过时间的考验，从整个历史去衡量、判断，而不能只根据一时一事的现象下结论。

D. 谈世事人生的变化。

2. 以下对本诗的理解和分析，不正确的是哪一项？ _____

A. 首联二句单刀直入，起笔入题，提出本诗议论的核心问题。“底事”（何事）指朝真暮伪的事。

B. 颔联两句都是用典，诗人认为臧生与宁子性质相同，都是在表面上的作伪。

C. 颈联两句都是比喻，意思是：萤虫

露水，只能以闪光、晶莹的外观炫人。

D. 尾联紧承颈联萤火、露珠的比喻，提出对比是辨伪的重要方法，“不取”“可怜”又透露出深深的无奈。

《戏为六绝句（其六）》

1. “别裁伪体”，强调 _____；“转益多师”，重在 _____。

A. 创造

B. 模拟

C. 继承

D. 因袭

2.《戏为六绝句》实质上是杜甫诗歌创作实践经验的总结。《戏为六绝句（其六）》着重表达了什么观点？下面说法正确的是哪一项？ _____

A. 观人必须全面，不能只看到一个方面，而忽视了另一方面。

B. 评价作家，不能脱离其时代的条件。

C. 作家的成就虽有大小高下之分，但各有特色，互不相掩。应该恰如其分地给以评价，要善于从不同的角度向前人学习。

D. 着重表达“转益多师”的观点，要求后生必须多方面学习前贤的长处，裨补缺漏，才能深受教益。

《读史》

1. 在诗中，作者认为史籍难于凭信的原因之一是下列的哪一项？ _____

A.后人对于历史人物的生平不够了解。

B.历史人物生前可能已经被人们误解。

C. 历史人物的品质很难用文字记录。

D. 记录历史的人故意隐瞒篡改历史。

2. 下列对这首诗的理解和赏析，不正确的是哪一项？ _____

A. 这首诗从大处着眼，并非是针对某个具体的历史事件、历史人物而作。

B. 历代高人贤士一世奔忙，建立功业，但无法避免身后湮没无闻的可能。

C. 历史人物在其所处的时代已经难免被误解，在世俗的传言中更会失真。

D. 颈联的上下两句反复陈说，表明诗人的观点，堪称这首诗的警策之语。

《和子由渑池怀旧》

1.“和子由渑池怀旧”中的“子由”指谁？

_____

A. 苏轼的弟弟苏辙。

B. 苏轼的父亲苏洵。

C. 苏轼的朋友黄庭坚。

D. 孔子的弟子曾子。

2. 下列对诗句的赏析，不正确的是哪一项？ _____

A. 首联使用设问和比喻的修辞手法，把“人生到处”比作飞鸿踩踏雪泥。作者由这一意象的组合出发，探讨对人生的理解，寓哲理于形象之中。

B. 鸿雁飞向无定，爪痕容易消失，正如人生去处难定，陈迹容易泯灭。诗中形象生动且寄意深沉的比喻，后来被人们概括为成语“雪泥鸿爪”。

C. 按照律诗的格律要求，二、三两联必须对仗。本诗的二、三两联不但对仗工整，而且意趣贯通、境界高远，切合这一要求。

D. 老僧已死，壁上旧题也荡然无存。死者形迹的消亡，如同鸿飞雪化，印证和深化了前四句谈到的人生哲理，丰富了诗歌的内涵，耐人寻味。

《冬夜读书示子聿八首（其三）》

1. “纸上得来终觉浅，______________。”填在横线上的诗句是哪一句？

A. 古人学问无遗力

B. 少壮工夫老始成

C. 绝知此事要躬行

D. 为有源头活水来

2. 这首诗说明了一个什么道理？下面说法不恰当的是哪一项？ _____

A. 要想有成就，就要多努力。

B. 不能只读书，还要多实践。

C. 做学问一定要有孜孜不倦、持之以恒的精神。

D. 必须做到“两耳不闻窗外事，一心只读圣贤书”。

《宿灵鹫禅寺二首（其二）》

1.“初疑夜雨忽朝晴”，不是夜雨是什么？_____

A. 下雪的簌簌声响。

B. 植物果实落地的声响。

C. 急湍而下的山泉所发出的声音。

D. 急速而下的瀑布所发出的声音。

2. 下列对这首诗的理解和赏析，不正确的是哪一项？ _____

A. 一个“疑”字，暗示诗人当时未尝实地观察，“夜雨”的判断乃是出于推测，这就为以下“忽朝晴”三字留下余地，显得极有分寸。

B. “夜雨”的错觉来自第二句。在睡意蒙眬中产生某种错觉，这是生活中常见的现象，此句是符合生活逻辑的。

C. 山泉“流到前溪无半语”，那是因为河床变窄，小溪断流，故而静寂无声。可见由于所处环境的改变，同一种事物可以有截然不同的表现。

D. 末句“在山做得许多声”，是诗人针对上述事实所发的议论。从字面上看，诗人讥讽的对象是山泉，其实弦外有音，别有深意。

《己亥杂诗（其二十四）》

1. “______________，黄泥亭子白茅堂。”填在横线上的诗句是哪一句？

A. 新蒲新柳三年大

B. 浩荡离愁白日斜

C. 谁肯栽培木一章

D. 便与儿孙作屋梁

2. 判断：“新蒲新柳三年大，便与儿孙作屋梁”两句的意思是：新种下的杨

柳三年就长成了大树，就可以用来给儿孙做房子用了。_____

整本书阅读

《汪曾祺散文》

1. 汪老把使用语言比作揉面是因为_____，汪老的习惯是_____。

A. 写作如揉面，下笔之前，要把语言在手里反复团弄

B. 写作如揉面，下笔之前，要选好素材，安排好素材顺序

C. 打好腹稿

D. 列提纲

2. 窥一斑而知全豹，从这几篇文章中我们对汪老的散文特点已略知一二，下面说法不恰当的是哪一项？_____

A. 语言自然质朴，淡而有味。

B. 文风朴实、细腻。

C. 作品多取材于作家朋友的生活琐事，具有很强的生活气息。

D. 作品透视出对生活的热爱，同时也唤醒着读者热爱生活的心。

附参考答案：

家国情怀5

第一单元/感悟生命

《好一朵木槿花》 1.BDCA 2.D

《牡丹的拒绝》

1.C 2.B 解析：它虽美却不吝惜生命，即使告别也要留给人最后一次惊心动魄的体味。

《岳桦》 1. D 2. D

《雪野里的精灵》 1. C 2.D

《落叶的生命》 1.A 2.C

《石崖上的枣树》

1.BDCA 2.D 解析：对于美好的东西，要学会欣赏，而不是占有。

《牛蒡花》 1.D 2.D

《一片树叶》

1.A 2.D 解析：本文以充满感情的描写诗化了人与自然的联系，并未谈到奉献精神，而且文章告诉我们要珍爱自己的生命同时也珍爱他人的生命。

《丁香结》 1.D 2.B

《燕园树寻》 1.B 2.D

第二单元/草木有情

《老海棠树》 1.B 2.D

《和樟树有关的生活》

1.B 2.D 解析：文章没有这方面的阐述，而是说“在树的绿荫中慢慢老去，不是很幸运吗”。

《马缨花》

1.D 2.D 解析：马缨花不是作者的象征，旧时代的马缨花长在阴森凄苦的深院里，给苦闷寂寞的作者以心灵的慰藉。

《越冬的小草》

1.D 2.D 解析：文中只写了护盆草这一种草。

《花开君子兰》

1.C 2.B 解析：文章未涉及坚贞这一品质。

《昆仑山上一棵树》 1.D 2.C

《水仙花开》

1.A 2.C 解析：文章主要写到了一个叫作“瘦的诗人”的学生，而且曾经否定、挖苦过他。

《院中那棵老槐树》

1.D 2.D 解析：采摘下的槐米（花）为家里增加经济收入。

《文竹》

1.B 2.D 解析：没有“总结全文”。

《可贵的山茶花》

1.B 2.C 解析：由“虽然，最珍贵的山茶花品种，目前还只能在南方温暖的地带有繁殖的条件。但是也可以断定，只要培植得法，她同样可以适应北方的气候和土壤，而逐渐繁殖起来……”可知并非“随遇而安”。

第三单元/人生哲思

《普希金诗两首》

1.A 2.B 解析：是为了突出“现在”冬日早晨的美好，感悟哲理，没有突出景物对人的心情所起的决定性作用，也不是美人沉睡的原因。

《弗罗斯特诗两首》

1.BDAC 2.D

《丁尼生诗两首》

1.C 2.A 解析：海边安静而辽阔的黄昏景象既喻指了生命的“黄昏”，又渲染了诗人“出海”之时的宁静心情。

《华兹华斯诗两首》

1.AC 2.B 解析：第二节则采用了衬托的表现手法，重点突出了收割女歌声的优美动听。

《丘特切夫诗两首》

1.B 2.D 解析：作者笔下的春是美好的，没有写到短暂易逝，属无中生有。

《帆》

1.C 2.B 解析：本诗中的“帆”不是美好生活的象征。

《没有人是一座孤岛》

1.C 2.C 解析：人的存在不是独立的，它需要外界事物来辅助。

《道理》 1.D 2. 正确。

第四单元/诗中理趣

《感遇三十八首（其十三）》

1.C 2. 正确。

《放言五首（其一）》

1.A 2.B 解析：“性质相同，都是在表面上的作伪”分析错误，颔联两句意为世人只爱臧生的假圣人，却不晓得世间还有宁子那样的高贤，从“但爱”“可知”两词可看出诗人认为两者虽然都是在表面上的作伪，但性质不同。

《戏为六绝句（其六）》 1.AC 2.D

《读史》 1.B 2.B

《和子由渑池怀旧》 1.A 2.C

《冬夜读书示子聿八首（其三）》

1.C 2.D

《宿灵鹫禅寺二首（其二）》

1.C 2.C 解析：山泉“流到前溪无半语”，那是因为河床变得宽阔平坦，故而静寂无声。可见由于所处环境的改变，同一种事物可以有截然不同的表现。

《己亥杂诗（其二十四）》

1.C　2. 错误。　解析：意思是新种下的杨柳才长到三年，就用来给儿孙做房子的屋梁了。

整本书阅读

《汪曾祺散文》

1.AC　2.C　解析：作品多取材于生活琐事，具有很强的生活气息。

家国情怀⑥

第一单元　勇者印记

《越过大洋的第一次通话》

1. 对菲尔德的精神品质的分析，以下哪一项在文中没有提及？______

A. 毫不自私自利。

B. 精益求精。

C. 具有坚定的意志。

D. 具有探索未知的科学精神。

2. 文中介绍了制造跨洋电缆的情况，这样写的作用是什么？下列分析不正确的是哪一项？______

A. 列举耗费的大量资源，突出了任务的艰巨。

B. 通过具体的数字表明此项工程的浩大。

C. 突出了菲尔德严谨细致的工作态度。

D. 突出了菲尔德所承受的压力和所承担的风险。

《探秘欧亚大陆最北点》

1. 探险队对欧亚大陆最北点的探索，遭遇了种种困难，以下说法哪一项是错误的？______

A. 路途遥远气候恶劣。

B. 工具陈旧设备简陋。

C. 前人经验误导。

D. 极夜严寒威胁健康。

2. 同学们围绕“人类对欧亚大陆最北点探索的意义”开展了一次辩论，以下说法不符合文意的是哪一项？______

A. 人类对欧亚大陆最北点的探索，是为了不断挑战自身的忍受极限，扩大了生活范围。

B. 探险队员们坚毅执着、拼搏献身的精神得到了充分展现。

C. 欧亚大陆最北点的探索是人类征服自然的又一伟大创举。

D. 对欧亚大陆北部海岸的勘察、测量，是历史上重大的地理发现之一。

《看世界——南极手记》

1. 南极大陆的冰山经常看到的颜色是蓝色,下面的解析符合文意的是哪一项？______

A. 这是从直升机上俯瞰的结果，露出海面的“冰山一角”脱离海面之后保持了大海的本来面目，因此是蓝色的。

B. 由于南极大陆是世界上发现最晚、地球最南端的冰雪大陆，没有遭到环境污染。

C. 由于冰与冰之间压得十分紧密，气

泡很少，因此太阳光被折射后便形成美丽的蓝色。

D. 由于南极大陆顶着一个巨大的“冰帽子”，这就遮挡了阳光的照射，保持了冰山的本来颜色。

2. 下面对南极大陆环境的介绍，文中没有涉及的是哪一项？______

A. “出门基本靠走，吃饭基本是肉，通讯基本靠吼。”运用俗语点明了南极大陆生活条件之差。

B. “踩在巨大而又光滑的凸起海冰上要格外小心，很容易滑倒。”形象地写出了南极大陆工作条件的恶劣。

C. “人在车外干冷的空气中待几分钟，脸部就变得冰冷并感觉到疼痛。”用触觉突出了南极大陆工作条件的恶劣。

D. “由于环境极端恶劣，南极没有人类居住，现在的居民主要是各国考察站来度夏或者越冬的考察队员。”对比中表达了作者对考察队员的敬佩之情。

《敬畏自然》

1. 第2段“看着人类这种狂妄的表现……”中“这种”指代的是什么？______

A. 人类永远只是一个天真幼稚的孩童，只是大自然机体上普通的一部分。

B. 人们常常把人与自然对立起来，宣称要征服自然。

C. 人类的智慧就只是大海中的一个小水滴。

D. 虽然这个水滴也映照着大海，但毕竟不是大海。

2. 下面句子赏析不符合文章内容的是哪一项？______

A. “谁能断言那些狼藉斑斑的矿坑不会是人类自掘的陷阱呢？”这句运用了比喻的修辞手法，形象地写出人类面临的危机。

B. “人本身就是自然智慧的最高体现，是她最杰出的作品之一。”这句运用了拟人的修辞手法，有生动、形象、亲切的效果。

C. “人类并不孤独，在宇宙中处处是我们的弟兄。”这句运用了拟人的修辞手法，体现了宇宙间的一切生命都是紧密联系的，不可分割。

D. 本文多处运用反问句来为文章增色，这些反问句可加强语气，激发读者的思考，发人深省。

第二单元　太空探索

《试验船返回亲历记》

1. 文章采用了小标题的形式，下面对于小标题的作用分析有误的是哪一项？______

   A. 从不同角度介绍了试验船在返回过程中遇到的困难，使行文条理清楚。

   B. 让读者在通读全文前对文章的主要内容有一个概括性的了解。

   C. 使文章结构层次分明，有利于突出文章主题。

   D. 既有提纲挈领、条分缕析的作用，又可以减少一些过渡性文字的铺张，以便于突出重点。

2. 阅读“空中搜索”部分，下面的分析错误的是哪一项？______

   A. “驾驶员顿时高度紧张，眼睛一眨不眨地盯着前方，生怕漏掉了什么”一句写出了驾驶员的认真负责，一丝不苟。

   B. “机长驾驶着直升机，冲了过去。”句中“冲”字写出了机长的英勇无畏。

   C. 第 11 段中“情不自禁”一词形象地写出了“我”的兴奋和抓住信号的满足。

   D. 第 14 段中用“异想天开”表达了对领导创新意识的由衷赞叹。

《长五，这两年你经历了什么？》

1. 小明用几个成语来概括工程师们的伟大精神，其中哪一项不符合文意？______

   A. 乐观爽朗。

   B. 自强奉献。

   C. 精益求精。

   D. 恪尽职守。

2. 快速阅读“归零，艰难前行”部分，下面不符合文意的是哪一项？______

   A. “搞航天的人都会‘谈归零色变’”中“谈归零色变”暗示着研究路上困难给工程师们带来的打击之大。

   B. “为什么会出问题？出问题的发动机产品最后是什么样子的？”一系列问题，表明工程师们重视理论与实践相结合。

   C. “只能靠大量的地面仿真和试验参数来进行验证。”句中“只能”表明寻找故障的路上可以借助的条件之少。

   D. “昏天黑地、没日没夜”两个词语表现了工程师们夜以继日、坚持不懈的钻研精神。

《“流浪地球”的目的地》

1. 对下面句子表达效果的分析，有误的是哪一项？______

A. “要知道 1 光年大约等于 9.5 万亿公里”中“大约”运用了约数，体现了语言的准确严谨。

B. “目前，飞往外太空的最快探测器是‘旅行者一号’。”“目前”一词从时间上进行限制，表明是现阶段科学现实。

C. “比邻星的寿命可达 400 万亿年，相比之下，太阳的寿命仅 100 亿年”运用了打比方的说明方法，凸显了比邻星寿命之长。

D. “例如有很多行星的质量已经逼近褐矮星的程度”运用了举例子的方法，说明“质量较大的可能是像恒星那样独立形成的”。

2. 同学们就地球流浪后最后的目的地产生了讨论，下面的观点不恰当的是哪一项？______

A. “比邻星所在的恒星系统其实是包含了三颗恒星。”因此目的地实际上是称为“半人马座 α”星。

B. “处于比邻星的‘宜居带’”，在这一区域内，既不会太热也不会太冷，能够维持液态水的存在，比比邻星适合人类居住。

C. “流浪地球可能还要继续流浪，换一个像太阳一样的恒星。这样看来，半人马座 α 星中的另外两颗恒星反而更适合。”

D.《流浪地球》中地球成为一颗“流浪行星”这只是一种假想，虽不存在流浪行星，但也给人类带来深思。

《“玉兔二号”旅行记》

1. 阅读“驾悬梯　初登月背”部分，对“设计师”功劳的分析，不符合文意的是哪一项？______

A. 为巡视器设计的两根导轨，类似古代的吊桥。

B. 为了避免脚滑，设计师们给“玉兔”穿上了防滑垫。

C. 从车轮的棘爪入手，使车轮棘爪与导轨悬梯上的棘齿咬合。

D. 为“玉兔”量身定制的筛网轮，轮子比市面上婴儿车的车轮还轻。

2. 文章字里行间蕴含着作者对航天科学家们的赞叹，下面哪一项文中没有提及？______

A. “玉兔二号”工作时长突破 600 天，月球车累计行驶里程突破 500 米，达到 519.29 米，再次刷新“自己的纪录”。

B. 它代表人类，第一次正式踏上了月球背面了！

C. “玉兔二号”从来不为自己的能量担忧。

D. 因为没有别的月球车到过月球背面，“玉兔二号”得到的应该都是人类第一次获得的数据。

第三单元　科幻华章

《微纪元（节选）》

1. 下面对文章内容的分析，不符合文意的是哪一项？____

A. 当城市图像出现后，本文开头部分营造出的沉郁氛围变得较为轻快，这两种氛围的更替，给读者带来了一种奇幻的阅读体验。

B. 地球领袖是一位十几岁的、天真的、娇滴滴的漂亮姑娘，这一形象来自先行者的大脑信号，是他对人类美好记忆的一部分。

C. 先行者着陆后，孤独的感觉像被雪崩所埋，这都是以身心感受来写先行者对过去地球的深刻眷念。

D. 姑娘率众在广场等候、迎接先行者“前辈”，间接说明“微纪元”的人们继承了以往的人类文明，科技水平已经很高。

2. 文中先行者情感的变化依次是____、____、____。

A. 心存侥幸

B. 痛苦失望

C. 重建后的兴奋

D. 升起希望

《告别太阳的那一天》

1. 小说塑造了一种紧张、悲壮、忧伤的感觉，下面哪一项内容不符合这一感觉？____

A. 船上的紧急冬眠舱只能装下一个人。

B. 氧气的存量，其实只够两个人使用十六个小时。

C. “我们”将如愿以偿，踏上星辰大海的征途。

D. “我”和阿强都把生的希望留给对方，抢先选择死亡。

2. 下面对文章的分析错误的是哪一项？____

A. 小说构思奇妙，这场测验使得主人公陷入两难的境地，但是也使得两人的关系更加信任。

B. 小说中的伏笔和照应，增加了故事的紧张气氛，推动了情节的发展，引人入胜。

C. “只有我和阿强的船上，发生了一些不一样的事。”对比手法的运用，彰显了主人公人性的伟大。

D. 小说的主人公是阿强，“我”是线索人物，赞扬了阿强勇于牺牲的精神。

《2.013》

1. 文中勾股定理给飞船带来灾难的句子，没有提及的是哪一项？____

A. 每天入睡的时候，都可以听到“吱吱哑哑”的声音，从飞船的各种隐秘的角落传出。

B. 各种传感器和发动机也开始频频出现故障。

C. 引力传感器得到的引力数据和计算机通过遥测计算出的结果完全对不上。

D. 造成了中型虫洞，因为它，附近的空间都被轻微地扭曲了。

2. 下面对文章的分析，不符合文意的是哪一项？_____

A. 小说中的那些震撼人心的科学设定，全部根植于当今的科学技术或基础科学里那些最基本的原理。

B. 手稿里拼凑而出的画面讲述了求学的经历，让读者感到一股与现实相贴近的朦胧的真实感。

C. 小说塑造了两个不同的文明，很明显外星世界的文明发达于在柯伊伯带上的观察站的“我们”的世界。

D. 结尾可谓余韵悠长，充分拨动了读者心中的那根弦，引起了惊颤的心理效应。

《当幻想与科学相遇》

1. 下面对幻想文艺的特点，分析不符合文意的是哪一项？_____

A. 幻想文艺想象的每一个能力与事件都必须不违反现有的科学认知。

B. 可以天马行空、纵情想象，呈现最壮阔、最绚丽、最奇妙的情节与景象。

C. 有想象、有虚构的作品就是幻想文艺。

D. 许多困境都可以凭特殊能力解决，所以常常会掩盖了现实的无奈。

2. 下面对文章内容及写作手法的分析，不正确的是哪一项？_____

A. 第 1 段运用了举例子和作比较的方法说明了幻想文艺的特点。

B. 哈利·波特挥动魔杖就可以将茶杯变成小动物，所以《哈利·波特》是一部科幻小说。

C. 为了说明“硬科幻”的不自由，文中举了大量的事例，增强了说服力。

D. 结尾一段总结全文，点明“当幻想与科学相遇，幻想确实失去了许多自由，但也获得了无穷原力”。

第四单元　实践求真

《刘羽冲偶得古兵书》

1. 下面对刘羽冲人物形象的评价不符合文意的是哪一项？_____

A. 喜欢读书。

B. 只会纸上谈兵。

C. 自以为是。

D. 斤斤计较。

2. 文章阐述的道理可以用下面哪句名言

概括？______

A. 读万卷书，行万里路。

B. 八仙过海，各显神通。

C. 纸上得来终觉浅，绝知此事要躬行。

D. 不经一事，不长一智。

《雁荡山》

1. 下面对雁荡山风景特点的描述，不符合文意的是哪一项？______

A. 许多山峰，都陡峭、挺拔、险峻、怪异。

B. 高大的山崖和巨大的沟谷，不像其他的山。

C. 雁荡山许多山峰都被包围在周围的一些山谷中，从远处容易发现。

D. 走到山谷里面，可以看到雁荡山许多山峰峭拔林立，直冲云霄。

2. 下面的分析，不符合文意的是哪一项？______

A. 文章首段叙述雁荡山长期不为人所知的情况，追溯历史，插入传说、掌故，引用前人诗句，相互印证，娓娓而谈。

B. 第3段描写雁荡山奇特的山形，由外到内，由下而上，细致生动，特征突出。

C. 文章运用了打比方、引资料来说明雁荡山的特点，行文前后呼应，联系紧密，结构紧凑。

D. 推究雁荡山峰的成因，由感性到理性，分析判断，见解新颖；再由特殊推及一般，类比论证，令人信服。

《鲁人锯竿入城》

1. 文章阐明的道理不能用下面哪句话概括？______

A. 遇到任何事都要懂得变通，不能太死板，思维要灵活，不要片面与固执。

B. 给别人提意见要合理，凡事不能不懂装懂。

C. 对别人的意见和建议要加以辨识，不要盲从。

D. 尽信书则不如无书，不要盲目相信书本上的知识，要有怀疑精神。

2. 下面“之”字的用法与“横执之”中“之”相同的是哪一项？______

A. 久之，目似瞑（《狼》）

B. 夫君子之行（《诫子书》）

C. 下车引之（《陈太丘与友期》）

D. 世之愚（《鲁人锯竿入城》）

《赵括纸上谈兵》

1. 文章阐明的道理不能用下面哪句话概括？______

A. 我们凡事要注重实践，从实践中学，而不是死记硬背、只讲空道理。

B. 实践才是检验真理的唯一标准，读死书或者死读书都是不行的。

C. 光说不练，只会夸夸其谈的人是没有真才实学的。

D. 运用逆向思维有时候能出奇制胜。

2. 下面对赵括兵败原因的分析，不符合文意的是哪一项？ ____

A. 秦国反间计成功，赵王听信谣言临阵换将。

B. 白起作为统帅，针对赵军设计了非常严密的作战计划。

C. 赵括轻敌冒进，对战场形势估计不足，全部更改原有的纪律和规定。

D. 赵国外交手段失败，失去了救援赵军主力的最佳时机，导致大败。

整本书阅读

《朝闻道》

1. 下面哪一部作品不是刘慈欣的创作？ ____

A.《魔戒》

B.《三体》

C.《球状闪电》

D.《乡村教师》

2. 下面对《朝闻道》一书特色的评析，不正确的是哪一项？ ____

A. 小说展示了强大的叙事能力与丰富的想象力。

B. 小说有深刻的思辨性，启发读者对生命和人性的思索。

C. 小说用一个比《三体》还要宏大的架构，透露出来作者对人生、人类命运的审视。

D. 小说对人类现实问题的思考和深切关怀，能丰富读者的科学知识。

附参考答案:

家国情怀6

第一单元/勇者印记

《越过大洋的第一次通话》

1.B　2.C　解析:这一内容体现了菲尔德意志的坚定和精神的崇高。

《探秘欧亚大陆最北点》

1.C　2.A　解析:文章讲的是人类对自然的探险与征服,不是对自身的,更不是为了扩大生活范围。

《看世界——南极手记》

1.C　2.A　解析:文中没有涉及这一方面的介绍。

《敬畏自然》

1.B　2.C　解析:运用了比喻的修辞。

第二单元/太空探索

《试验船返回亲历记》

1.A　2.C　解析:第11段中"情不自禁"一词形象地写出了操作手的兴奋和抓住信号的满足。

《长五,这两年你经历了什么?》

1.A　2.B　解析:"为什么会出问题?出问题的发动机产品最后是什么样子的?"一系列问题,表明工程师们寻根问底的探究精神。

《"流浪地球"的目的地》

1.C　2.D　解析:"现实中,科学家还真发现宇宙中有流浪行星。"

《"玉兔二号"旅行记》

1.B　2.A　解析:文中没有介绍"玉兔二号"工作时长突破600天。

第三单元/科幻华章

《微纪元(节选)》　1.B　2.ABD

《告别太阳的那一天》

1.C　2.D　解析:小说的主人公是"我"。

《2.013》

1.D　2.C　解析:文中并没有对两个文明进行比较。

《当幻想与科学相遇》

1.C　2.B　解析:《哈利·波特》是一部魔幻小说。

第四单元/实践求真

《刘羽冲偶得古兵书》

1. D　2.C　解析:文章蕴含的道理是不能读死书,在处理问题的过程中,应该根据情况的变化,灵活运用所学知识,并在实践中不断积累经验。所以选C。

《雁荡山》

1.C　2.C　解析：文中没有打比方。

《鲁人锯竿入城》

1.D　2.C　解析："横执之"中"之"的用法是代词，其中A项"之"的用法是补足音节，无实意；B项"之"的用法是结构助词"的"；C项"之"的用法是代词；D项"之"的用法是结构助词"的"。因此答案是C项。

《赵括纸上谈兵》

1.D　2.D　解析：文中没有提及赵国的外交手段。

整本书阅读

《朝闻道》

1.A　2.C　解析：《朝闻道》并没有《三体》塑造的世界构架宏大。